把说话练好，是最划算的事！

这是一本读了就能让你知道如何开口的『说话圣经』，

献给所有热爱生活、渴望幸福的女人们！

从这里，学会交流。让陌生人不再陌生，让彼此更温暖，让魅力闪耀光辉。

魅力女人的说话之道

宁静◎编著

魅力女人说话如诗
句句温暖　字字动心

中国纺织出版社
国家一级出版社
全国百佳图书出版单位

内 容 提 要

如何通过说话展现自己富有情趣的一面？怎样通过说话让别人对你刮目相看？本书教你细腻观察，聪明应对，让你毫不费力地掌握专业的沟通艺术，时刻散发聪慧、富有魅力的光彩。

从阅读本书开始，做一个会说话的魅力女人，给自己一个优雅自如、魅力四射的人生。

图书在版编目（C I P）数据

魅力女人的说话之道 / 宁静编著 . -- 北京：中国纺织出版社，2014.4（2024.4 重印）
ISBN 978-7-5180-0255-9

Ⅰ . ①魅… Ⅱ . ②宁… Ⅲ . ①女性—口才学—通俗读物 Ⅳ . ① H019-49

中国版本图书馆 CIP 数据核字（2013）第 302692 号

策划编辑：徐丽丽　　责任印制：储志伟

中国纺织出版社出版发行
地址：北京市朝阳区百子湾东里 A407 号楼　邮政编码：100124
邮购电话：010 － 67004461　传真：010 － 87155801
http: //www.c-textilep. com
E-mail: faxing@c-textilep. com
官方微博 http://weibo.com/2119887771
北京兰星球彩色印刷有限公司印刷　各地新华书店经销
2014 年 4 月第 1 版　2024 年 4 月第 2 次印刷
开本 :710×1000　1/16　印张 :15
字数 :159 千字　定价 :69.80 元

目　录

CONTENTS

第三章 言语机敏，做个善于社交的女人

第四章 字字珠玑，做个独具生活智慧的女人

第五章 玲珑八面，做个办事能力强的女人

第六章 言如其人，做个值得人尊重的女人

第七章 妙词佳句，做个有才情的女人

第八章 口吐莲花，做个宜室宜家的女人

第一章

言辞得当，做个讨人喜欢的女人

青春的容颜，会随时间而流逝；银铃般的嗓音，会伴岁月而沙哑；窈窕的身姿，会因光阴而变化。无情的岁月，会在女人的脸庞上刻画出时光的流转。虽然，外在的美丽与青春，无法永驻。但是，时光会带来内在的丰盈与充实，随着世间的堆砌，漫化成女人自身独特的气质和魅力。

各个阶段的女人，就像是一年四季的风景一般，不断变幻，异彩纷呈。而外在的言辞，正透露出女人的内涵与修养，口吐莲花、言辞得当的女人，愈发显得优雅，能与时光一起沉淀出岁月的芬芳。言辞得当的睿智女人，不会怕时光这个容颜的小偷。

说话看场合

参加正式会议，衣着要严肃、谨慎；参加派对，外表要动感、妩媚；参加户外活动，要穿轻便、舒服的运动装。女人会在不同的场合和环境恰当地搭配自己的衣装和配饰，这似乎是一种与生俱来的天赋。不同的场合要搭配不同风格的衣装，同时也要配合不同的言语、语气与措辞。女人不仅要会穿衣，更要会说话，言辞得体、语气亲切，熟练掌握沟通技巧，就会让自己在工作中事半功倍、在爱情中如鱼得水、在生活中尽情享受。因此，能在不同的场合，说出符合时宜的言语的女人，常常会给人留下识大体的好印象。

女人和男人的思维方式不同，男人理智而冷静，善于隐藏自己内心的诉求；女人更倾向于用感性的方式来表现自己内心的情感，因而不善于控制自己的情感。但是，有些场合下，率真的言辞却显得不合时宜，甚至贻笑大方，使“女神”形象瞬间不复存在。也许，有些女人并不是那么在意别人的目光，她们只是想过自己想要的生活，体验自己从未有过的感受。于是，她们纵情而论，不顾他人的感受，同时失去的也是个人的形象。在恣意言语的时候，可能他人就会在你的身上肆意贴上一些标签，以致影响你未来人生道路的走向。

女人在恋爱的时候，往往注意修饰自己的外在言语，在每次约会的时候都力求给对方留下美好的印象。随着两个人的熟悉，距离的拉近，伴侣之间的关系从情人过渡成亲人。两个人的言语，也从“打情骂俏”转到家长里短。于是，一些不分场合的错话，经常给相处的恋人带来许多不快乐的结局。有时候，我们常常借小品中的名言来说明这个简单的道理——距离产生美。人与人之间的交往也是如此，在不同的场合，我们应该保持不同的人际交往距离。公共场合中，人与人的社会交往距离较大。因此，我们的语言表达方式也应该限于一定的范围内。过于私密的话题，就不应该在公共场合进行延展。反之，朋友之间的聚会，就是一个彻底放松的环境。无论是插科打诨，还是打情骂俏，只要不伤害到彼此之间的感情，就不必有过多地顾忌。

莉莉和王扬是一对相恋多年的伴侣，莉莉作为女友给王扬很多生活上的关怀与照顾。莉莉在家排行老大，下面有两个弟弟，她从小就养成了教育弟弟的习惯。然而，莉莉在王扬身上也套用了对弟弟的“教育”模式。莉莉较真的性格，虽然在工作中给她赢来了认真、刻苦的好名声，也让她成为公司中晋升最快的女员工。但莉莉常常不分场合地对王扬进行“说服教育”，却在生活中给自己惹上了不少麻烦。一次，说好了一起到王扬的父母家拜访，王扬把莉莉送给父母的礼物忘在了自己公司。莉莉在王扬的父母面前，开始了严肃的批评教育：“王扬，你看你这么小的事情，都给忘了。以后还能成什么大事呢？爸妈的事，你都没放心上，以后还能指望你做什么？都这么大的人了，丢三落四的坏习惯什么时候才能改啊……”王扬在父母面前显得很难堪，而父母则是面面相觑，不明所以。这种奇怪的气氛一直持续到莉莉离开。王扬送莉莉回家的路上，两个人不免大吵一架。可是莉莉抹着眼泪，心里很委屈：我是为了他好，为什么会是这样的结果呢？原本能够避免的一场冲突，却因为莉莉没有掌握好说话的场合，最终使得两人不欢而散。

做事情讲究缓急轻重，而言语表达也同样如此。我们要知道哪些言语是需要当场必须表达的，而哪些表达是不需要当面进行的，可以在事后进行传递，也会收到很好的效果。面对对方的不当言行或错误举动，一定要三思而后“言”。不要因为一时兴起，或者是情绪上的波动，而影响了自己的判断，让说话人本身和话语接收者都陷入一种尴尬的境地。说话一定要注意场合，因为说出去的话就像是泼出去的水一样，往往是覆水难收。因此，我们一定要拿捏好火候和分寸，东西不能乱吃，话同样不能乱说。区别好不同的场合，进行不同的语言风格的转换，是养成好口才的第一个步骤。首先是学会如何说出得体的话语，想要口吐莲花般地进行适宜的表达，就需要积累一定的技巧。

随着时代的发展，女人逐渐获得了更多的自由，身上却也开始背负了更多的责任与压力。家庭与工作生活，与感情，都要协同发展，想要做一个生活与工作都顺风顺水的女人，就要学会适应各种身份的转换。在言语表达上，要学会适应不同的环境，适应自己不同的角色。那么，如何在不同场合游刃有余地使用自己的“话语权”呢?

方法一：给他人“留面子”，学会“秋后算账”

如果说人生是一出戏，那么每个人都有自己的角色，也有自己的生活圈子和观众。每个人都希望自己能够受到他人的尊重，“面子”对于每个人来说，象征着地位和尊严。像上述故事中的女主人公莉莉，不仅冒犯了男友王扬的面子，也伤害到了他父母的面子。无论是对下属员工，还是对自己的孩子；无论是对自己的亲人，还是对自己的朋友，有些场合，即使是对方有错在先，切莫作“得理不饶人”的女主角。所谓退一步海阔天空，如果实在需要和对方沟通，那么一定要学会“秋后算账”。待你和对方独处的时候，再把自己的意见委婉地表达出来。这样，既让他人保全了面子，同时也让自己展示了心胸开阔的好形象。

方法二：控制自己情绪，做到“不动声色”

一个女孩到一个女人的蜕变，重要的特征之一，就是学会适当地控制自己的不良情绪。在很多场合下，尤其是一些重要的时刻，作为女人来说，比起滔滔不绝地“演讲”，做一个耐心、细心的聆听者，更能表现出自己的涵养和气质。处在成长期的时候，很多重大的场合是大家没有经历过的。那么，在这样的场合下，与其高谈阔论、强出风头，不如静静地聆听。一个优雅的聆听者，身上往往透露出睿智的锋芒，同样会吸引他人的目光，发出迷人的淡淡幽香。在自己不熟悉的环境和场合里，不妨放下自己的高姿态，控制好自己的情绪，做一个“不动声色”的聆听者。

方法三：不做“知无不尽”的女超人

随着女性地位的不断提高，她们在知识、见识和个人能力等方面以及很多领域都足以与男性抗衡。很多女性在社会中都寻找到了自己的位置，在工作和家庭中越来越多地扮演着必不可少的角色。有很多人提出大兴“女权主义”的观点，希望女人以强势的姿态，占据社会的主要位置。其实，女性的权力保护，不是要拔得头筹，而是要让社会公众意识到男女之间与生俱来的差异。女性的本身特征，就是以“柔”克刚，以水般的灵动性来化解荆棘与逆境。在言语交际中，也是同样的道理。在公众场合中，千万别做“知无不尽”女超人，别做言语固执的女强人，避免给他人留下过分强硬的印象。

【名嘴寄语——培根赠言】

“说话周到比雄辩好，措辞适当比恭维好。”女人的言语不以“多”而制胜，恰恰是因为优雅得体而散发迷人的韵味。女人不能只做一朵花，禁不住风吹雨打，受不住时光流逝。女人应该做一本书，在岁月的沉淀中，蕴含丰富而持久的启迪。要掌握语言交际的技巧，在与人的沟通中，在不同的场合做出自己最为得体而心仪的应对。

培养好的说话习惯

人们常说，21天能够建立起一个良好的习惯。生活中想要促成良好的结果，往往需要好习惯的支持。好习惯是一种定力，是支持生活最为稳固的一种力量。我们日常生活中最为常见的沟通方式，便是言语交流。为人处世，我们的生活中离不开语言。良好的语言习惯，能够给对方留下很好的第一印象。我们常说说话是一门艺术，尤其是对于女人来说，良好的语言习惯，能够传递女人的气质、胸怀和优雅的风度。在与他人交谈时，其实就是一种全方位的自我展示。不仅说话的内容，肢体语言、表情手势、音调音色等都会影响和他人的交往。作为一个女性，好的说话习惯，能让对方感受到你别致的声音美、口才美。

在言语表达上，女性具有得天独厚的生理条件。若是能够结合良好的发音习惯，就能为自己魅力指数的提升再加一分。和男人相比，女人的声线更加亲切、柔和。再加上汉语本身是一种带有声调的语言。抑扬顿挫的声调，再加上女性得天独厚的嗓音，就像是一个个动人的音符，演奏出一曲曲动人的乐章。随着女性在家庭和社会中地位的不断攀升，新女性的魅力渗透到了生活的各个方面。很多女人为了证明自己鲜明的特点，不再固守一些女性的传统价值观。她们独立、自信、不依靠男人，确实令人佩服，但是一部分女性偏走极端，不仅做事过于严格，连言语也是咄咄逼人，以致让自身失去了女性的性别优势和个性魅力。

语言表达能力是一种天赋，更是一种通过后天养成获得的技能，要养成善于与说话对象沟通的习惯。言语交际本身就不是一个人的事情，因此在交际中，要特别注意表达之后，与对方的互动与交流。交流中，女性可以充分施展自己的亲和力，运用眼神交流、互问互答、征求意见等方式，与对方进行深度的沟通交流。另外，一定要保持良好的沟通态度，不管是作为上司还是亲人，切忌颐指气使的态度。良好语言习惯的建立，不是一朝一夕能够完成的，同样需要阶段性的训练和循序渐进地适应。良好语言习惯的首要因素是外在语言形态的训练，包括说话的言语表情，以及附加的一些肢体动作。另外，女人在言语表达的时候，也要注意自己柔声细语的魅力所在。其次，在言语表达方式上，在寻求他人帮助的时候，要以疑问句为主，而不要直接武断地轻易对他人做出判断。

美欣是一家化妆品代理商的经理，她平时为人严肃，工作起来一丝不苟。美欣对自己和下属的要求都很严格，虽然业绩突出，但是在私下里被下属称作“铁面”。一天午休，美欣看两位同事一边涂着护手霜，一边讨论着化妆品。美欣把两位同事叫到办公室，脸色一沉说道：“你们知道我最不能接受的是什么吗？”两位同事面面相觑，都没有说话。美欣继续说道：“我最不能接受的就是，奥迪公司的员工开着宝马公司的车出去四处游荡，红酒公司的员工却在喝其他公司的白酒。而我们化妆品公司，你们二位却在用别的公司的护手霜，我觉得这真是一种讽刺。连自己公司的员工都不支持自己的品牌，我们还怎么推广产品呢？”其中一个新来的员工，听到这些话后感到十分委屈，眼泪不禁掉了下来。“有什么好哭的？难道你觉得我说的不对吗，如果有意见你可以提出来，不要装出一副可怜相。”美欣咄咄逼人地说道，新来的职员一听，头也不回地跑出了办公室。美欣自己也感到很尴尬，自己也是为了公司和职员着想，可是却不仅没达到预期的效果，反而影响了自己与员工的关系。

美欣在言语表达的时候，只注意到了语言中蕴含的信息性。全然没有注意到语言中的情感价值。虽然自己的一席话说出了工作中应该留意的重点。但是却忽视了言语中的情感因素，没有达到与对方有效沟通的目的。想要激起员工工作的热情，但是因为没有好的言语习惯，而让员工产生了误解。由此，我们可以知道，一个好的语言习惯，在言语表达中占有重要的地位。

很多女人在工作中顺风顺水，但是和周围同事的关系却日益恶化。其实，在交际环境中遇到困境，就要检讨是不是自己的言语方式出了问题。培养良好的说话习惯，要从身边的朋友、同事、家人开始，要从生活中的小事做起。作为女人，就算身份、地位发生了变化，也不能舍弃女性与生俱来的亲和力，要发挥女性的优势，以获得更多人的认可。

方法一：轻声慢语，谈吐优雅

孔子云：“文质彬彬，然后君子。”良好的说话习惯，是外在语言和内在气质相辅相成的结果。女人独特的声音特质和内在的优雅气质，是赢得优势交际地位的好方法。女性性格温柔敦厚，往往在轻声细语中就能将自己的意图传达出去。而现在办公室中一些女领导过于强势的言辞，让下属整日提心吊胆，更让自身的亲切感荡然无存。女性在交际环境中遇事要迅速反应与思考，但是不妨轻声慢语，充分发挥女性以“柔”克刚的优势。在言谈之中，辅以一些简明的手势，不仅可以辅助传情达意，同时也会增加自身优雅的气质。但是，要注意手势语的使用也存在“适度”的原则，过多的手势语会给人很浮躁的感觉，同时也会让人心烦意乱，而无法关注自己的言语重点。

方法二：先微笑，后反驳

俗话说，伸手不打笑面人。女性爽朗的笑容，有时候就像灿烂的阳光，能够化解所有的烦恼和忧伤。在交际中，女性遇到与自己想法相左的言语时，不妨收起内心反对的声音，以微笑的方式进行善意的否定。先以微笑来稳定对方的情绪，然后再伺机表达自己反对的观点。以微笑来化解敌意，在对方温和的态度下，提出自己的观点，就更容易被他人所接受。遇到了误会，和他人发生了意见分歧时，不用刻意去明辨孰是孰非。其实不过用一个明朗的笑容，先化解双方之间的误会，缓和双方的情绪，对于事态的发展与解决将有很好的效果。在说话的时候要养成良好的习惯，以微笑来化解可能产生的纠纷。遇到事情要做到先微笑，后反驳。

方法三：看懂七分，只言三分

说话做事的时候，要学会给他人留有后路。咄咄逼人的说话方式，在表面上看是赢得了话语权的优势，然而实际上却会破坏自己和他人的关系。养成良好的说话习惯，在言语上要让他人三分，给他人留有交际环境中的尊严。为他人留有余地，也是给自己一条生路，同时为人处世也就多了有效的沟通空间。在交往中看懂七分，不如只说明三分，多留给对方一些安全距离。东方人在社交中，讲究含蓄之美，我们常说的“距离产生美”也是这个意思。即使读懂了对方的心思，在表达的时候也不妨用委婉的语言暗示，而不要直白地表达出来，以免给他人造成难堪。

【名嘴寄语——萨克雷赠言】

“播种行为，可以收获习惯；播种习惯，可以收获性格；播种性格，可以收获命运。”培养好的说话习惯，对人们在言语交际中，有重要的指导意义。在言语技巧的训练中，注意养成良好的说话习惯。好的说话习惯，能让女人在交际环境中步步为营，树立自己的人际脉络。同时，也能在逆境中求进、求生，从而指导良好的行为和更好的解决方案，让自己的人生一片坦途。

避免祸从口出，画龙点睛需时机

语言作为交际中的重要手段，是沟通彼此心灵的桥梁。想要在人际交往中，给他人留下完美的印象，就要充分运用语言技巧，掌握语言利器，构建良好和谐的人际关系。在社会工作和家庭生活中，女人扮演着双重角色，既要成为独当一面的优秀员工，又要成为照顾好家人的贤妻良母。压力的日益增大，事务的日益繁多，都会增加女性的心理负担，造成情绪的恶化。有时候，一些欠考虑的话语就会随着不良情绪从口中说出。不良的交际用语一旦说出口，就会给听话者造成伤害，因此我们要积极避免祸从口出的情况发生。想要提高自己的言语交际技能，也不能一味地急于求成。想要在交际环境中，说出画龙点睛之语，将整体氛围推向高潮，就要注意积累经验、学会寻找时机。

在交际环境中，无论处于什么地位，扮演什么角色，为了避免祸从口出，有一些言语细节是我们应该注意的。言语交谈中，礼貌是第一原则。中华民族是礼仪之邦，作为女人，虽然可以张扬个性，但是要注意把握礼貌分寸。一旦言之无理，就会给人留下极坏的印象，从而使自己的形象一落千丈。女性讲话要注意文雅，给人留以回味无穷的美感。当今时代，很多女性都追求自身地位、价值与男性平等，于是在言语上也不禁仿效男性，有时候，甚至以爆粗口来证实自己并不软弱，这就是一种过犹不及的表现。其实，在社交环境中两性间的平等，是充分展示两性差异与特征中好的一面，而不是丧失女性自身性别的魅力。不遵从言语礼仪，女性一张口便显得十分粗俗，在交际中反而变优势为劣势。

在说话交谈中，有些女性虽然没有粗俗的言语行为，但是过于“发嗲”的声音也要不得。尤其是在正式的工作场合中，“发嗲”的娃娃音，是一种极不成熟的表现。身处工作交际环境，女性应该表现出干练的姿态，说话交谈要恪守简洁原则。发嗲的娃娃音，会给人留下轻浮、幼稚的感觉，从而失去同事及他人的信任。另外，一些言语细节也要十分留意。除了不发娃娃音，也要注意不要用一些鼻音及拟声词，来随意回答他人的问题。比如，在他人征求自己意见的时候，不要用“嗯”“哦”等语气词应答。若用这些语气词作为应答，会给人留下敷衍、不受尊重的印象。在语言交际中，当他人向自己提出问题或者征求意见时，要正面回答问题，避免因言语不慎让自己的形象大打折扣。

张天霖老师是一所高校的教授，平时为人谦和，深受学生的喜爱。一天，张老师正在办公室里备课。忽然，传来一阵急促的敲门声，随后便进来一个人。还没等大家抬眼去看这位不速之客，一个女孩的声音便响起来了：“张天霖呢？”话一出口，办公室的老师都愣了一下。大家知道张老师平时待学生比较亲切，但是就算关系再好，直呼老师姓名，毕竟还是不太妥当。这时候，张老师邻座的一位老师打破了沉寂，对进来的女学生说道：“张教授在这边备课呢。”张老师抬头一看，原来这位到访的学生自己并不认识。还没等张老师反应过来，女学生便大大咧咧地说道：“张天霖，你也知道吧。现在论文答辩，需要有一位外校的专家来指导自己的论文。你在语言学领域很有名，我早就听说了，今天就来找下你，帮我批改下论文。”张老师虽然很有涵养，但是面对女学生这种说话态度，便随口说道：“论文放下吧。之后有消息我联系你。”可是女学生一听这话急了，说道：“你不能批改就直接告诉我，我赶紧找别人，后天就答辩了，你可别敷衍我，到时候坏了大事。”张老师再也忍受不了这个女学生的态度了，说道：“您这命令我履行不了。您把论文拿走吧。我可不想坏了您的大事。”女学生听了这话，愣在一旁，不知所措。

其实，女学生能够主动直接地找到张老师，为自己的学业奔波忙碌，本身的行为中是蕴含了几分勇气的。但是，在说话时不经人脑思考，冒冒失失地直呼老师的姓名，确实是很不礼貌的行为。现代社会中，很多女生都以男性的刚强之气为美。甚至很多女生还高呼自己是“女汉子”，以粗犷豪放的个性为美。殊不知，在这样的趋势指引下，会让很多女生做事容易急躁，甚至在言语表达上大大咧咧，犯下像上述女学生一样的错误。对于这样的事情，其实女学生可以选择择日再来，然后就上次的事情向老师诚恳地道歉。老师的内心都是宽容大度的，而且事情早已经过去，很少有人会因此而怀恨在心。一句道歉，一个问候，再说出自己对于老师的请求，别忘了一个真诚的微笑，一切都能补救。

方法一：说话办事，以“礼”为先

想要避免祸从口出，实现画龙点睛的精辟言语表达。除了要注意自己说话的时机，还要注意要以礼待人。虽然，电影作品中横冲直撞的女生，倒有几分可爱。可是，在现实生活中，大大咧咧的女孩却无法给人留下踏实的印象，也就不会被委以重任。在日常的言语交际中，女人说话时要学会说对话、说好话，最重要的在于把握一个“礼”字。中华传统美德，讲求“尊老爱幼”，其实就是根据自己的年龄，确立自己与他人之间的关系。对于年长于自己的人来说，他们的社会阅历多于我们，我们要多听对方的经验和教训，以此来纠正自己的人生轨迹。对于年龄小于我们的，我们应该关爱他们，把人生更多展示的机会与他们分享，从他们身上获得不断更新与进步的力量，让自己跟上时代的潮流与节奏。这就是人与人之间相处，最为基本的一个“礼”字。

方法二：考虑关系，注意亲疏

在和他人进行言语交谈的时候，要注意对方和自己的关系，拿捏说话的分寸。如果是关系密切的朋友，言语不妨亲切一点、不要太过拘束。直呼其姓名，更显得亲密无间。若是多年未见的闺密，一本正经地叫起某某女士，则会显得十分见外。而对于初次见面的人，尤其身份地位高于我们的人，一定不能直呼其姓名，可以称其为先生或女士，同时也可以在姓氏后加以职称。无论是传统社会还是现代社会，人人之间都讲求形成紧密的关系网。社交场合中的交流不仅是为了维护彼此之间的关系，更是为了促成更好的关系往来。因此，关系也是言语表达中需要注意的一个重要因素。生活中有很多女生个性开朗大方，喜欢多交朋友，多与他人交流，我们常称为“人来疯”或者是“自来熟”。其实，这原本是一种活跃的社交行为，但是一定要注意把握分寸和尺度。

方法三：关键言语，抓住时机

表达自己请求的时候，要注意场合和时机。请求他人帮助自己做事情，言语中的礼仪是不可或缺的。拜托他人事情的时候，一定要放低姿态。另外，要养成向他人表达自己谢意的习惯。一句感谢能够充分传达自己的情感，也会让对方十分欣喜，感谢常常是言语交际的点睛之笔。关键言语的表达要放在重点和中心的位置上。言语的表达和文章的布局一样，也要运用一定的技巧。是先总结再逐一举例子，还是选取以实例开局再逐渐进行总结归纳，再或者是由分散的论点逐步靠近中心信息，这些都是常见的语言表达方式，都可以依据自己言语内容或者是说话对象的不同，根据实际情形进行巧妙地安排。

【名嘴寄语——孔子赠言】

在《论语》中孔子肯定了“一言兴邦，一言丧邦”的说法。治理国家铭记微言大义的道理，而我们日常生活中的言语交际也是一样。在言语表达的时候，也要谨小慎微，说话的时候要先思考、后开口，以避免言多必失的现象发生。对于国家有“一言兴邦，一言丧邦”之说，对于自己也要警惕发生“一言兴己，一言毁己”的情况。

说话看对象

对牛弹琴是我们再熟悉不过的成语，讲的就是一个人对着牛来弹琴的故事。对牛弹琴闹剧的发生，其实就是因为没有看清楚自己所面对的受众。成语故事所讲的道理通俗易懂，然而在现实生活中却有很多人重复同样的错误，出现一些让人啼笑皆非的结果。人们做事情的时候，喜欢找寻其中的捷径，希望能够最为有效地到达自己的目标。而言语与做事的道理一样，并不能靠投机来迅速达到目标。在工作和生活中，我们讲求恰如其分。在言语交际中也是如此，说话要分清场合和对象。在人际关系中，如何根据不同的对象，达到不同的言语效果，是我们应该十分重视的问题。如何与不同身份、地位的人做到言语和谐，是女人说话之道的必修课。说话办事不看对象，就可能惹怒对方，从而导致交际陷入僵局，使双方陷入尴尬而无法收场。

说话要看对象，年龄是说话者首要考虑的问题。中国人注意礼仪，讲究长幼有序。在说话交谈的时候，面对年龄大于自己的长辈，一定要注意自己的言语礼仪。因为长辈在生活经验和阅历上，都比年轻人丰富很多。在与长辈交谈的时候，要注意耐心倾听他们对我们传授的经验和劝诫，千万不要摆出一副爱搭不理的样子。如果和长辈交谈感觉十分投机，也要注意保持分寸。遇到意见相左的时候，不要与长辈争辩，要充分给长辈留面子。另外我们也不要神化任何人，尤其是对于你所尊敬的长辈来说。术业有专攻，每个人在他的专业领域有其所长，但是换作其他领域可能就是他的短处。那么，面对长辈的言语失误，不要当面直言，不妨放到私底下，找准时机再讲出。

另外在与人交谈的时候，要充分考虑对方的身份和职业。无论是从称呼还是从交谈的语气，都要因交谈对象的不同而区别对待。对于知识水平不太高的人，一般的口语表述要简单明了，不要引经据典，以免让他人感觉到太大的身份落差。另外，对身份不同的人也要注意称呼的改变。对于年龄稍长于自己父母的农民，可以称为“大爷”“大娘”。对于教师、律师、医生等专业性较强的职业工作者，可以冠以姓氏再加上职业名称。对于孩子，成人可以放下自己的身份，要把孩子当作平等地位的人来对待。这样，一方面有益于与孩子们打成一片，另一方面也能促进他们独立思考的能力。与年轻人交谈，其谈话内容要紧紧贴合现代的时政和科技热点话题，做到与时俱进，制造更多与年轻人互动的机会。总之说话交谈都要分清对象，因人而异。

张女士虽然年近五十，但是由于保养得当，再加上原本气质就很好，看上去比实际年龄小很多。逢人见面都夸她保养得好，张女士每次听了都笑得合不拢嘴。退休在家闲来无事，小区附近的农贸市场就成了她常去的地方。这一天，张女士又来到农贸市场，她照旧来到自己熟悉的那家蔬菜摊位。新来的小姑娘迎了上来说道：“大妈，我们家蔬菜很新鲜的，您看您要来点什么？”张女士听后脸色很难看，没有应答就径自离开了。小姑娘感到很奇怪，不知道是怎么一回事。周围的摊主悄悄对小姑娘说道，这个是你家的常客啊。你看她保养得那么年轻，你怎么能称呼人家大妈呢。以后再见人家，叫阿姨就是了。千万不要以为，咱们销售蔬菜就是简单地吆喝卖菜，其实更重要的是要和顾客做好沟通。现在市场上蔬菜的质量都差不多，要能让顾客记住咱们，才能让他们成为咱们的常客。

第二天，张女士又来到农贸市场，远远就看见小姑娘微笑地朝自己打着招呼：“阿姨，今天买点什么。我们家的菜可新鲜了，您是老主顾了，价格都给您算便宜点。”张女士听了之后，感到十分高兴，在摊位上挑挑拣拣，选了很多的蔬菜回去。不仅如此，她还和摊位的小姑娘亲切地交谈起来："你是哪里人啊？是新来的吧？以前都没见过你呢。"小姑娘也是微笑着一一应答。从此以后，张女士不仅常常来这个摊位买蔬菜，而且更是常来找小姑娘聊天。

这就是人与人言语交往的魅力，本来陌生的两个人，因为三言两语便可以缩短心灵的距离，加深彼此之间的感情。其实，不过是一个称呼的改换，就造成了全然不同的结果。如果不分对象的乱称呼、乱说话，就可能招致他人的反感，甚至是怀恨在心，以致久久都无法释怀。既然言语中分清对象具有如此重要的意义，那么平时我们就要注意把握好以下原则。

方法一：逢人减岁，逢货加价

在开口说话之前，首先要依据对象的不同，选择不同的说话方式。人们都有追求青春永驻的愿望，尽管生活中时间会在我们的容颜上、在我们的内心中刻画下些许的痕迹。但是，对于年轻日子的追忆，对于青葱岁月的怀念，却永远不会结束。那么在遇到上了年纪的人，尤其是女性时，要注意"逢人减岁"，在谈及女性年龄的时候，要尽量减少三五岁。女士听了这样的话，一定会喜笑颜开，这样的好心情有时候就是开启其一天美好心情的钥匙。而如果面对的是对方的归属物，要注意提高其实际的价值，这样能提升他人的良好印象。这是借用她人归属物，以达到赞美他人的目的。

方法二：分清身份，切莫"以下犯上"

俗话说，看菜下饭，量体裁衣。意思是告诉我们，凡事要分清对象，依具体情况而行。交谈说话也是如此，是什么地位和身份，也要履行相应的话语权。作为领导要检查自己的言行，说话之前要分清场合，三思而后言。因为作为领导，你的一言一行都对下属有很大的影响。你的言语不仅受到下级的关注，同时也会成为他们的行为准则。言行一致的领导，对于下属有好的示范效果。同样，作为下属要分清对象，不可言语无礼，以免违背“以下犯上”的交际原则。对领导讲话要言语谦和且有耐心，不可横冲直撞地随意言语。千万不能在领导面前口出狂言，自诩自己能力超凡、无所不能，给领导留下轻浮、毛躁的印象。

方法三：不做精神垃圾桶，选准核心话题

除了选准称呼、定准对方身份以外，还要根据对象的不同，确定不同的谈话内容。能否给他人留下深刻的交往印象，除了言谈举止等外在条件，谈话的内容也是十分重要的因素。可以通过初步观察来确定对方的喜好，以选出贴近对方兴趣的话题。如果通过观察不能断定，也有简单易行的方式：即初次见面，可以以对方的自然情况或者近期的主要活动为话题；可以通过夸奖对方的配饰，来拉近双方的距离。同时，也可以以询问对方的近况等方式，例如，最近看过什么样的电影，最近有没有出去旅行，喜欢做哪种类型的运动等，其实也都是调动对方继续交谈的“话引子”。不要谈及一些与听话对象无关的琐碎之事，以免造成他人的“听觉疲劳”。

【名嘴寄语——吉斯特菲尔伯爵赠言】

英国伯爵吉斯特菲尔在《给儿子的两封家书》中说道：“谈论一切事情定要抛开自我吹嘘，绝不要絮絮叨叨地对别人谈你个人关心的事以及自己的私事。你对这些事虽然兴趣盎然，而别人却会讨厌，觉得有粗鲁之嫌。”伯爵对儿子进行的言语技巧传授中，着重提出要根据不同对象具体制造话题，不要絮絮叨叨地按照心情随意说一些他人并不感兴趣的话题。对于说话者来说，不能只顾自己一时兴起，而说些听话者根本不关心的话题。维持整个话语交际和谐地进行，要注意契合听话者的身份。总之，要做到说话看对象，因人而异。

营造融洽气氛，注意说话细节

我们常说“细节决定成败”，细节在生活中无处不在。女人在穿衣打扮中，利用细节的点缀来增加自己的品位；女人在准备丰盛的菜肴时，用细节的配料来提升菜品的美味指数；在动情演唱歌曲的时候，用手势的配合来突出情绪抵达高潮。其实在言语交谈中也是如此，如果不能把握交际中的细节，可能会摧毁苦心经营的良好气氛。一个优秀的言语交际能手，能够通过言语和举止行为的配合，营造一个融洽的气氛。这就像一个指挥家，能够调动各种乐器，让彼此间相互配合，从而整合出一段动人的音乐篇章。女性性别本身带有的亲和力，再配以友善的口吻、时刻保持着的微笑，相对来说更容易打破人与人之间交往的隔阂。在言谈交际中，除了要学会控制谈话的宏观场面，同时也要关注交谈中的言语细节。

融洽和谐氛围的营造，不仅需要说话者寻找双方适宜的话题，同时交谈时的举止表情也十分重要。世界名模辛迪·克劳馥曾说过这样一句话：“女人出门时若忘了化妆，最好的补救方法便是亮出你的微笑。”在人际交往中，尤其是氛围营造上，微笑可以说是完美治愈系。即使是双方的观点大相径庭，甚至因此而争论不休，只要女性一个甜美的微笑，就能够打破僵局，让原本激烈紧张的氛围，瞬间松弛下来。就算是不善言谈交际的女性，在遇到难以应对的交际场面时，也不妨将微笑当作自己的“挡箭牌”。微笑就是打破双方交往僵局最为直接的表达方式，同时也是营造融洽气氛的润滑剂。微笑就是迅速建立双方友好关系的最佳法宝，而聪明的女人比男人更善于使用微笑来打开交际的一片新天地。

除了微笑，眼神的交流也是良好氛围不可忽略的重要元素。眼神能传递出女性的真诚和善解人意等美好品质，这个小细节可以传送出了不起的信息量。当对方言辞激动时，一个眼神有时候就能起到安抚心绪的作用。当想要说服对方同意自己观点时，一个眼神有时候就能获得对方的理解。当对方言语表达不太流畅时，一个眼神有时候就能给予对方一种默默鼓励的力量。眼神透露出的真诚感情，能够打开沟通的窗口。说话不是独自发表演说，最终目的是与对方实现心灵沟通。而真诚的眼神交流，能够撞击对方的心弦，让彼此坦诚相待，打造真挚的融洽氛围。所有言语中的细节都是为其话语主体服务，我们不仅要关注言语中的细节，同时也要考虑细节之间元素的搭配。否则，许多细节虽可以营造，若没有恰当的组合方式，也可能变得杂乱无章，最终喧宾夺主，让自己原本的话题无法进行下去。因此，要留心细节搭配下言语氛围的配合，逐步调动听话人的兴趣，让其加入到言语表达当中。

张小姐就职于一家外企的人力资源部门，她在生活和工作中都能充分发挥自己的人际交往能力。张小姐工作仅有五年的时间，却建立了良好的人际关系网，生活中的朋友很多，不乏有各行各业的精英。张小姐有自己处事的良方，无论是与初次见面的陌生人，还是与自己熟悉的同事、朋友，她都能主导交谈话题，从而营造出和谐活跃的交际氛围。一天，张小姐受邀参加同事的生日会。在会场中，张小姐见到了之前有一面之缘的李东。于是，张小姐主动走上前去，微笑地看着李东说道："您还记得我吗？上次我们在公司门口有过一面之缘。"李东看着张小姐，也彬彬有礼地回答道："您是咱们寿星的同事吧？"张小姐微笑着点点头，又问道："您和寿星是老同学？"李东说道："是啊，我们在大学一直是好哥们。后来经过辗转，两个人又先后来北京打拼。说来，也算是很有缘分啊！"张小姐仔细品味着李东说的话，忽然眼光一亮，说道："您是东北人吧？"李东一笑，说道："是啊，张小姐。你怎么知道？"张小姐回答说："其实，我爷爷奶奶都是从东北来北京的。我从您的口音中听出来的，细算的话咱们也算是老乡了。你家在东北哪里？”就这样三言两语，张小姐和李东慢慢地熟络起来，生日会结束的时候，两个人就像多年相识的好友一样。就连寿星都感到奇怪，连连问李东，怎么你们早就相识了？两个人也不回应，对视着笑了起来。

其实交际过程，就是不断与对方内心打交道的过程。张小姐能从李东的言语细节中寻找线索，一个“老乡”便拉近了彼此的距离，营造出了一个轻松而又有生活气息的和谐氛围。想要掌握交际中调节氛围的方式，不妨从一些交谈的细节中着眼。

正如美一样，生活中并不缺乏言语细节之妙，而是我们缺少发现它的细心和洞察力。大多数人都认为，良好的口才不过是“要耍嘴皮子”，能说会道的人也并没有什么过人之处。其实，言语中的艺术魅力，不亚于军队中对千军万马的指挥。不同的话题，就要积极调动不同的言语内容，同时还要积极地加入各种细节进行点缀。很多言语能够运用的细节技巧，往往在生活中被我们所忽略，这里就简单地给大家提个醒。

方法一：眉目传情，不做冰美人

充分运用女性自身的亲和力，以微笑和眼神的交流，解除对方的交往顾虑。巧用微笑来化解交际尴尬，用微笑来传递对于树立良好氛围的期望。不要做表情冷艳、孤芳自赏的冷美人。但是，在使用“眉目传情”的妙招时，一定要注意把握分寸。微笑要发自内心，传达出自己希望敞开心扉与对方交流的意愿。不能笑得过于模式化，给人有执行任务的感觉，要在微笑中传递出亲和力。眼神的沟通要自然，才能收到良好的效果。另外值得注意的是，眼神交流要避开对方比较尴尬的情形，如果对方在做一些私人的小动作，那么眼神不要与对方接触，以免造成交往的尴尬。

方法二：信息重组，找出与对方的共同点

想要制造和谐的氛围，不妨从自己与对方的共同点出发，打破因初次见面可能造成的生疏感觉。同时，也要尽量多利用已经熟悉的人，看是否能从以前结识的朋友中间建立起联系。老乡、朋友的朋友、熟悉的地方、个人的喜好等，生活中的一些细节，都能为双方建立起新的联系。要细心观察对方的衣着、方言等，看能否从细节中发掘出对方的个性特征，从而建立起与自己的共同点，以打开话匣子，进而建立与对方的亲密联系。

方法三：主动出击，传递热情

传统女性性格腼腆，在言语交际中常常扮演较为被动的角色。随着时代的开放，很多女性在交际活动中，勇敢地走到前面，大胆地表达出自己的交往意愿，充分地表现出了自己的率真、热情。其实，女性在交际中如果能够主动出击，传递出自己的热情，是非常能够在交际圈子中获得认可的。女性坦率的热情，能够打破人际之间的隔膜，创造一种全新的亲切、自然的交际氛围。

【名嘴寄语——松下幸之助赠言】

“不放过细节。无视细节的发展，必定在粗糙的砾石中停滞。” 关注细节就是用更为严谨的思考，来对待周遭的变化，同时更为周到地为客户服务。松下幸之助之所以能建立起庞大的电子帝国，与他悉心关注细节的经营理念密不可分。和谐融洽的交际氛围，也同样需要交谈技巧的维护。不能放过交际中的小细节，因为小细节往往也会无形中破坏自己苦心经营的人际圈子。真诚、热情、亲切，这些都是女性特有性格魅力，把这些充分融合到言语的细节中，就能构建属于自己的独特的交际手段。

阿谀奉承不高明，情意真诚赢人心

真诚的爱情最能撼动人们的心灵，当相爱的人互相倾诉一句真诚的爱意，我们的内心也会跟着起伏跌宕。真诚的友谊最能给人以力量，在陌生冰冷的城市当中，正是真诚的朋友与我们一起并肩作战，才让我们能够为了自己的梦想而继续坚强。人与人之间的交往，说到底就是心与心之间的沟通。人们用语言沟通彼此间的心境，用语言来打破人际交往的屏障。在万千的语言当中，最能打动人心的就是彼此之间真诚的沟通。人们利用现代工具进行沟通和交流，技术的进步虽拉近了人们之间的交往距离，却也让人们之间的心理距离变得越来越远。人们见惯了被定制的虚伪笑容，人们见惯了为了得到而不顾失去，人们习惯了戴上圆滑的面具孤芳自赏。很多人为了达到自己的目标，戴上了虚伪的面具，在痛失自我中享受着本不属于自己的一切。

无论时间如何流转，在历史和社会的舞台上，总是能看见一些人凭借着阿谀奉承的交际手腕，获得了虚名与利益。世界如此之大，我们有时候难免找不到自己的方向。于是，为了达到我们心中的目标，有些人选择走捷径，或者想尽办法让自己更快到达远方。不知不觉，我们失去了初来世界时真实的模样，于是我们学会了伪装，学会了情不真、意不切。这个世界太精彩了，物质的丰富与精神的诱惑，太多的东西迷乱了我们的双眼，大有“乱花渐欲迷人眼”之势。但是，依靠阿谀奉承所得到的只是暂时的好处，都是无法恒久流传于世的。在虚伪奉承他人的背后，被刻上灵魂鞭尸烙印的就是自己的内心。

很多女人迷恋于完美的妆容，透明无瑕的粉底，精心雕琢的眼线，红润光亮的唇色，在人工修饰的妆容下面，她们感觉到的是修饰所带来的安全。爱美本身无可厚非，但是如果妆容修饰得不仅是容颜，还遮盖了心灵的真诚，那不如就让女人保留一份素颜之美。很多女人虽然貌不出众，中等的身材、中等的面容，但是她们微笑的真诚就能融化对方心中的寒冷。人生是一场马拉松，不是一场百米争霸赛，只有抵得住时间风霜的人，才能够常驻他人的内心，换来他人的尊重。无论世间如何变化，重要的是以真诚的自我来面对他人。这不仅是出于对他人的尊重，同样也是自我价值的一种实现。古人常言，君子善用其器。语言是一种工具，以善御之能够打开他人的心扉，以恶行之就会使双方关系陷入恶性循环当中。

雄心勃勃的拿破仑，当年几乎威慑大半个欧洲。如果没有库图佐夫的出现，也许拿破仑的神话将一直延续。很多人都争相探寻着库图佐夫成功背后的秘诀。在给叶卡捷琳娜公主的回信中，库图佐夫并没有沾沾自喜，而是诚实地回答道："您问我倚仗什么魅力，聚集着社交界里如云的朋友。其实，我的答案很简单，无非就是真实、真情和真诚。"叶卡捷琳娜公主在回信当中也大为赞扬他的为人处世之道。真诚女人的内心，就像是一颗钻石，在阳光下熠熠生辉，在黑夜里暗自发光。真诚是一笔巨大的财富，它不会因为时间的流逝而褪色，也不会因为岁月的流转而缺失。女人的言语魅力，源于岁月沉淀下的真诚。比如说，清早起来，望着东方升起的太阳，你可以给自己一个自信的微笑，给他人一句真诚的话语。正能量的传播永远是有感染力的，上班前遇到同事一个真诚的微笑，就能拉近彼此之间的距离，消除两人的隔膜。

晓玲是百货公司的售货员。每天来到窗口的顾客络绎不绝，晓玲总是以周到热情的服务善待每一位顾客。"刘姐，今天想选点什么呀？"这天，晓玲的老顾客又来光顾她的摊位。"这件红色的裙子，我想试一下。”刘姐拿了一件颜色很艳丽的红裙子，在身前比试起来。“呦，刘姐。这个衣服蛮贵的，颜色是不错，但是太艳丽了，可能不对您的肤色。要不我给您这件紫色的试试，现在刚好这件还打折，您这时买回去刚好划算。”晓玲真诚地向刘姐推荐着另外一件衣服。刘姐试穿之后，满意地买回去了。旁边的导购看见晓玲这么做都十分不解，明明可以卖出更高的业绩，获得更多的奖金，可为什么向顾客推荐便宜的那款衣服。面对大家的疑问，晓玲微笑着回答大家，其实人和人之间的交流都是建立在真诚之上的，即使今天自己费尽心机地把不适合顾客的衣服推销出去，顾客回家后也是会感觉到后悔的，可能她们会选择退货，甚至是以后都不再光临自己的店面，何不一次就做到让顾客满意，这样就能实现良性循环。

其实，人和人的沟通就是这样，与其阿谀奉承地讨好对方，不如用真诚的心态去面对对方，让彼此之间通过真诚的情感交流来增加彼此之间的信任感。

方法一：真诚相待，才能心心相印

一个女人拥有良好的口才，能够滔滔不绝地摆明立场，能够出口成章地表达自己的观点，的确是令人赞叹的语言技能。但是良好的口才，只代表你能很好地运用语言这种工具。

但是在交际当中，想要成为受众人喜爱的对象，真诚两字不容忽视。它既是最为简单的交际技巧，又是最难付诸于实践的品德。在物质如此丰富诱人的今天，人们之间的真诚被物质无情地淡化。很多人受到利益的驱使，不仅不能真诚地对待他人，更是不能真实地看待自己。人与人之间心灵的沟通，就是一个不断放下防备，拉近距离，最终坦诚相待的过程。其实，做好万事的开端，都是从与人真诚相待开始，只有这样，才有可能与他人心心相印。

方法二：用“玻璃心”融化“铁石心肠”

王子最终找到灰姑娘，不是因为她脚上的那双水晶鞋，而是因为她水晶般透明的心灵。即使，我们不曾遇到真正的王子；即使，我们不曾拥有水晶鞋，那么至少让我们保留一颗善良真诚的玻璃心，小心翼翼地珍惜生活中遇到的每一个人。在生活当中，我们总是会遇到不尽如人意之处。很多时候，我们面对生活中的烦恼，其实什么样的态度就决定什么样的结果。面对生活中他人的不真诚，他人戴着面具的交往，我们应该学会用真诚的心来融化对方。用一颗真诚透明的“玻璃心”，来融化对方的“铁石心肠”。生活中我们的经历，大多时候就是一面镜子，在镜子面前我们看透世界的悲喜交加，看到他人身上的缺点与优势。面对生活中的烦恼，我们不妨怀揣着一颗包容的心去看待。

方法三：阿谀奉承伤人心

如果说真诚地与他人交往是一种好习惯，那么阿谀奉承就是一种恶习。在钢筋水泥围墙的背后，由于诚信的缺失，人与人之间越来越难以相处。与其说阿谀奉承是一种不真诚的态度，不如说是一种自我的逃避。很多人在与他人的交往中，喜欢用虚伪的面具来伪装自己。其实，在虚伪面具的背后，隐藏的是内心的自我。善于阿谀奉承的人，其实是对现实生活的一种恐惧。阿谀奉承的人，伤害的不仅是他人，同时自己也会受到来自自身行为的压抑且无法释放。阿谀奉承的人习惯了对别人伪装，对别人撒谎，其实在不断戴上虚伪面具的同时，早已经迷失了心中的自我，找不回曾经理想的天堂，更不知道自己的未来要回归到哪个故乡。

【名嘴寄语——海涅赠言】

“生命不可能从谎言里开出花来。”诗人海涅的一句话道出了人生亘古不变的道理，谎言不能够代替生活中的真相。有些自欺欺人的谎言，看起来能够满足自己的虚荣心。其实，在经历了人生的波折之后，返璞归真地回到真诚的生活当中，同样能够收获属于自己的充实时光。

第二章

唇齿生香，做个有气质的女人

言语不仅仅是人们生活中的一种重要的沟通方式，同时也能够体现自身的修养和气质。与气质优雅的女人聊天，就像是徜徉在浩瀚的书海，在汲取知识的同时，也能让人闻到一股沁人心脾的书香。唇齿生香的女人，让人过目难忘，像是一首动人的歌，更像是一朵醉人的花，让人感受到一种宜人的气质和内涵。

年轻时人们喜欢女人如花的容颜，然而随着时间的推移，浮华与虚荣终将淹没在岁月的尘埃中。一个有气质的女人，即使容颜已逝，她身上气质的光芒，也会让她随着岁月而呈现出更加迷人的魅力。女人的美丽，不仅要像华丽的珠宝夺人目光，更要像一杯香茗让人回味无穷。女人的言语正是其生活智慧的体现，能由内而外地彰显女人独特的气质。

塑造自己的语言风格

人们通常说一个女人有气质，第一眼是因为她的外表，第二眼是因为她的谈吐。有些女人之所以普通，容貌不够漂亮并不是最主要的原因，而是她身上没有让人印象深刻的东西。普通长相的女人也许会成为让人过目即忘的路人，但只要女人的言谈举止不庸俗，有独特的风格，她就是一个有气质的女人。女人之美是由内在和外表构成的，外在美得益于天生丽质的容貌，以及对于自己衣着打扮的独特风格。内在美在于后天不断地积累，得益于对知识的掌握，以及对生活不断的领悟。女人要给人留下良好的印象，为自己的形象加分，除了需要外表上的修饰之外，在言语表达上也应该塑造独特的风格。

假设有两句赞美之词放在面前让你选择，你希望听到的赞美是“你是一个有气质的女人”，还是希望听见“你这张脸还长得真是挺美的”呢？后一句估计没有几个人女人不喜欢听，但自己的外表如何，每个女人心里都有自知之明，别人是故作奉承还是真心夸赞，估计只有自以为是的女人才分辨不出来。然而第一句的称赞，就不是随便一个女人就能担当的起了。女人的气质可以从外表着手，也可以从口才入手。外貌一般是我们无法改变的，然而对于言语风格来说，我们却能够进行后天的改造。

幽默的女人，拥有一种独特的魅力风格，能够帮助他人驱走心头的乌云。在匆忙的生活节奏中，能够引人发笑驱赶他人心头的哀愁，是一种可贵的能力，能让她在很快的时间内为自己聚集人气。善解人意的女人，也有属于自己的独特风格。她们的言语就像是夏天的风，为躁动的心灵，带来一阵平和，驱散一阵不安。可爱的女人，心存一份天真，在她们的言语当中，能让人感受到对于生命和自然的热爱，还有永远不能丢失的童趣和自在。根据自身性格特点，女人应该学会修炼自己独特的言语风格，让他人“过耳不忘”。

真正会说话的女人，必定有其独具一格的地方。她们未必出口成章，但总能令人过耳难忘。例如湖南台著名的节目主持人谢娜，她的语言算不得精深，十句话里面有八句话是在逗趣，诙谐可爱，有的人甚至觉得她太过疯言疯语，个性疯癫。但就是这种半疯半傻的语言风格，让观众一听见谢娜的笑声就能会心一笑，由衷地觉得开心。又如台湾娱乐圈的名人小S，她在主持节目时常常说话比较率直，但不是不经大脑的直白，嘉宾听了只会忍俊不禁、击掌而笑，却不会觉得受到了怠慢和轻视。她的直爽透着一股朴实的灵巧劲儿，有时候甚至偏于粗俗，但她清楚地知道，对待什么性格的嘉宾应该表露出何种程度的直白。就好像是那些实力派歌手用声音塑造的形象一样，有的歌手声音的辨识度很高，风格明显，就容易被听众记住。有些歌手模仿的痕迹较重，不容易让听众辨别，那么被牢记和喜欢的可能性就相应较低。那些一辈子依靠模仿别人生活的人，如果不能转型，不能形成自己的风格，终究只能在他人的庇护下前行。具有独特语言风格的女人，无论在任何社交场合都更容易引起人们的注意，只要一两次交谈，对方就可以很自然地记住她们。这样的女人不需要刻意地讨好他人、奉承他人，就能用自身的语言魅力征服一部分人，遇上同样有个性、有风格的同性或异性，还能产生惺惺相惜的吸引力。人以群分，物以类聚，聪慧的女人在试图给人留下深刻印象时，固然能利用自己的长相、身材、装扮等外在条件赢得好感，但最能长久的留在别人脑海中的，是其自然挥洒而出的语言风格。女人特有的温柔、细心，说话时的姿态、风情和气度，如果能令人如沐春风，这样浑身散发出来的魅力，定然能使人久久不能忘怀。如此，人们不仅记住了你有特色的语言，更牢记住了你这个人。语言风格就成了我们身上的闪亮标签。如今，撑起半边天的女人从事的职业越来越广泛，女CEO、外交家、政治家也越来越多，各行各业都少不了伶牙俐齿的女人。不管我们过去、现在和将来要从事哪种工作，又或者只是作为家庭妇女，都可以培养自己的语言风格。

回顾历史上的各位才女，她们无一不是以独特的言语风格，在令我们欣赏的同时，也给我们留下深刻的印象。宋代女词人李清照，作为“千古第一才女”是不得不提及的人物。作为宋词婉约派的代表，她的诗词当中既有巾帼的淑娴，又有须眉的浩瀚，从其诗词和为人来看，都不愧为女中豪杰。近代女作家张爱玲，凭借着那一篇篇撼动人心的文章，勾起了多少人的真情实意。其语言传神生动，带有一种无法超越的灵性。女性如何顺利地塑造自己的语言风格呢？有几种实用的方法可以给大家介绍一下。

方法一：经历让自己变美丽

经历丰富的人在说话时总会显得知识面非常广博，见的人多了，看的场面多了，言谈举止自然也变得成熟起来。在不同的年龄阶段，女人的魅力是有所差别的，年轻的少女说话可以轻灵可爱一些，不会有人觉得你做作；二十来岁的职业女性说话可以干练果断一点，不会有人觉得你故作深奥；三十几岁的女人说话可以倾向于温和稳重，别人会感觉你优雅感性。

女人应该多留几个心眼，把自己的经历变为沉积在海底的晶莹的石头，时常回顾，时常反思，让教训和挫折化为智慧的肥料，不断丰富自己的学识，提高自己的表达能力。

方法二：形成自己的语言模式

语言风格包含的内涵极为广阔，简单来说，不同场合不同对象，所需要的用词也有不同。从身边口才绝佳的同性身上学习开始，这是比较快捷的方法，多琢磨她们如何选择词汇、如何使用词汇。尝试着用自己认为好的语气、发声的技巧、精巧的词汇等，谨慎发言，看看效果如何，再通过虚心求教，不断改进自己的语言模式。一切能反映自己态度与修养的环节都不要忽略。一开始我们也可以模仿别人，但仅限于初期。不要试图去学习那些不适合你的东西，例如男人说话时有魄力，很沉稳，如果你的声线较细，是不必要强求自己做出这样的改变的。培养自己的语言模式，切忌生搬硬套。这是一个需要创新的时代，女人要学会寻找自己身上“唯一”的特性。

方法三：应从言语中表现出积极的情绪

无论是面对陌生人还是熟人，都不要在说话时轻易暴露自己的负面情绪。老是埋怨和吐槽的人，不会让听者感到舒服和惬意，时间长了还会让人产生反感，造成矛盾和嫌隙。哪怕谈话有些乏味，也应当表现出仰慕和认真，积极地面对你与任何人的谈话，只有你将说话的气氛调整成了轻松自然、积极友善的时候，才能让话题变得有滋有味。由此，个人的语言风格形成了一个磁场，一个和谐的气场。这样，你才可以在不同人眼中扮演不同的角色，让他人深切感受到你别具一格的气质和风格。

【名嘴寄语——杨澜赠言】

“三十岁女人的美是在各种看似不利的经历中一层层蜕茧而出的。因为痛过，所以懂得，也才能安慰。”“历练成精”是精灵的精，精气的精。是比美丽更高的评价。三十岁的女人，眼神中应该流露出沉着、智慧和不刺人的锐利；穿着得体、饰物精致，有一种不张扬的优美；说起话来，嗓门不高，条理清晰、用词精准，同时又充满感性和热情，更重要的是三十岁的女人应该都学习成为很好的倾听者。

言语谦逊，优雅待人

在当今社会中，女人在工作和家庭中身份和地位都有显著的提升。很多女性不仅在家庭中有着重要的话语权，而且在工作中也占有一席之地。很多女性是成功的事业女强人，因此就免不了养成了“女王”的脾气。有很多女性用强势的言语和行为，来保护自己获得的地位和身份。其实，有的时候过分的强势就会显出狂傲的形象，破坏了女性温婉的美感。女性的强势和狂傲，不但起不到保护自己的作用，反而会激起对方的争斗欲望。女性之美在于温婉如水、亲切如歌。能够以柔克刚的女人，才是最懂得说话之道的。对于女人来说，保持言语的谦逊是很重要的。在待人接物中，女人要懂得以礼相待，以谦逊的态度对待身边的每一个人。

优雅是一种气质，但更是一种气度。优雅的女人懂得谦让，懂得放开心胸，不为琐碎的事情而斤斤计较。言语谦逊的女人，拥有更为广阔的心胸，在社交场合中，不断地吸收他人的意见，改正自己的缺点，让自己更加趋于完美。言语谦逊的女人，更能够顾及他人的感受。在与他人交际中，谦逊的态度代表的是对对方的尊重。放低自己的姿态，无疑就是抬高了对方，让对方感到自己的价值。谦和的言语态度，能在无形中提升对方的自信感，从而让他人更愿意与自己接触。

很多女性误将谦逊与卑微相对等，认为言语谦逊很可能会丧失自己的身份和地位，其实两者之间有很大的差异。言语谦虚要求女性在言语交际场合中，充分地放低自己的姿态，不可高傲自大、孤芳自赏。与他人谦逊交谈的女人，更能得到别人的指点和帮助，更容易获得通往事业成功的秘诀。尤其是在众人面前，女人一定要注意言语谦逊，认真听取他人的意见，不可口出狂言、目中无人，以免给他人留下不好的印象，引起别人的反感。在初次与他人会面的时候，女人不要急于展示自己的才华，不妨先听听他人的观点，通过观察了解清楚每个人的喜好和身份地位的差异，然后再依据已掌握信息来发表自己的意见，从而做到万无一失。

张倩是中文系毕业的女生，外表清秀、文笔也不错，常被大家夸为“才女”。听多了大家的赞扬，张倩自己也觉得飘飘然，常不把他人放在眼里。一次在朋友的聚会上，席间有一位朋友在和一对情侣开玩笑的时候，用了“青梅竹马”这个成语。然后又摇头晃脑地念道：“郎骑竹马来，绕床弄青梅。这句李清照的诗，就是两位的写照啊！哈哈。”在座的张倩看见对方卖弄的样子，十分看不惯，便回应道：“我想这位先生你是搞错了。我是中文系出身的，如果我没记错的话。这首诗应该是出自大诗人李白的笔下。”张倩一脸得意的表情，丝毫不想输给邻座的先生。“不能吧，这是我最喜欢的一首诗了。中文系的大才女，你是不是记错了。”邻座的先生微笑地作答。“我想你肯定是错了。我本科和研究生主修的都是中文专业，这么简单的问题怎么会搞错呢？这就是一个最为基本的文学常识。”张倩还咄咄逼人地说道：“先生，这首诗是李白的诗篇《长歌行》的选段。我看您平时对文学也没什么研究吧。”席间的先生羞红了脸，说道：“年轻人，你说得对啊。我确实不如你水平高，看来以后还多需要你的指导啊。”说完，那位先生便离开了席位。在座的其他的几位都默默地看着张倩，席间本来欢快的气氛，被张倩的一席话冲得毫无踪迹。那位先生离开后，张倩就陷入了被孤立的状态，自己在席间也备感尴尬，不一会也离开了聚会。本来是一次展示自己文学才华的良好机会，但是却因为心直口快，过于计较言语上的得失，而导致自己破坏了整个聚会的氛围，更是给人留下心高气傲，不懂得与人为善，更不懂得言语谦逊的不良印象。

学术上讲求严谨本来是一件好事，但是张倩不顾对方的感受，在社交场合中当着众人的面，纠正那位先生的错误，实在是不恰当。张倩盛气凌人的表现，不仅让那位先生十分尴尬，也让自己陷入了交际的孤立状态。在交际环境中，要多留意对方的情绪和立场，保持优雅待人的方式，言语表达上要注意谦逊的态度。

方法一：初次见面，请多指教

在初次与他人接触的时候，要注意言语上一定要客气周到，不可目中无人，给他人留下年少轻狂的印象。在与他人初次见面的时候，不妨以请对方多指教的方式，来表达自己谦逊的态度。“三人行，必有我师。”在人际交往中，他人身上必然有很多值得我们学习的地方，放低姿态，以谦虚的态度向他人请教，才能得到对方的帮助和支持。与他人交往之初，不妨诚恳地表达出自己希望对方指教的态度。对于年轻人来说，能力、天赋更为重要，但是态度和决心才是支持人前进的持续动力。对于女性来说也是如此。“初次见面，请多指教”这样谦逊的言语表达，加上真诚的眼神，一定能给对方留下良好的第一印象。

方法二：“元芳，你怎么看”

在生活中，我们要不断地面临各种各样的选择，一时之间很容易就没了主意，或者是乱了阵脚。这时候，不妨向身边的朋友求助，大家集思广益更能解决问题，别总是自己闷闷发呆。同样，善意地征求别人的意见，也是与他人交往的一个重要技巧。女性在与他人交往的过程中，可以通过征询对方的意见来表现自己谦逊的态度。遇事不要自作主张，可以多多询问对方的意见，比如：“先生，您认为怎么样？”“您觉得我这么做合适吗？”在询问的过程中，不仅尊重了对方的意见，同时也让人觉得亲切自然，优雅的姿态在举手投足间都可以表现出来。尤其是交情不深的朋友，女性在谈话中的询问，能缩短双方的距离，让对方感觉到自己已经受到信赖。此时，对方更愿意与你分享自己的真实想法，就宛如相识很久的老友。

方法三:记住对方的言语

在与他人接触之前，不妨花一点时间先收集一下有关对方的信息。在交谈中可以将已掌握的对方的信息作为交谈的话题。另外，要记住对方的言语，在对话中以引用的方式提出。借用他人言语，是表达自己尊重的重要方式，同时也会给对方留下谦逊的深刻印象。譬如选择对方的爱好、习惯、过往的成功等作为话题，定会赢得对方的好感，从而让对方觉得你是一位志同道合的好朋友。能够铭记对方的言语，对于任何人来说都绝对是一种惊喜。在交谈当中，不时地说出对方的至理名言。能够迅速提升对方的好感，同时也能有效地促进两人关系的升温。人与人之间的关系就是这样逐步确立起来的，今天你记住了他的一句言语，明天他就会留意你的一举一动，而当自己成为众人瞩目的焦点时，你也就更靠近成功。

【名嘴寄语——松下幸之助赠言】

“能虚心接受人家的看法，能虚心去求教别人，便能集思广益。”松下创始人在与他人的交往中，始终将谦虚作为交往的信条，并因此获得了巨大的成功。很多人在人生道路上，登上了事业的巅峰。很多人将此归功于他们做事的坚定不移，其实事业的成就，不仅是做事的成功，更是做人的成功。而女性在言语交际中，也要时刻恪守谦逊的原则，保持低调的姿态，保持优雅的态度。谦虚的女人知道先将自己低到尘埃里，才能在尘世中开出一朵美丽的花。

谨守礼仪禁忌，“礼”字放第一

自古中国就是一个以礼为重的社会，婚丧嫁娶都有属于自己独特的礼仪文化。而这种礼的文化，不仅存在于中国本土，更是辐射到了整个东方世界中。生活在以“礼仪之邦”著称的文明之国，礼仪已经渗透到中国人生活中的方方面面。礼仪在人们日常生活交际中，扮演着重要的作用。交谈中的“礼”字，可以充分体现出女性的社交能力、文化修养和处事艺术。毫不夸张地说，如果不能遵守交际中的礼仪，就会被排斥在社交群体之外。很多人都以初次见面时对方礼仪是否得体作为衡量对方是否值得信赖的重要标准。尤其是女性，尽察礼仪常识，在生活和交往中和他人以“礼”相待，言谈得体、优雅，更能赢得他人的青睐。

在生活中以“礼”待人，能够增添和谐的氛围。甚至可以毫不夸张地说，有“礼”者走遍天下，无“礼”者寸步难行。这里的“礼”，不仅仅是一种礼貌，一种礼仪，更是社会生活中的一种民俗和习惯。在工作中以“礼”处事，能够为未来职业道路打下坚实的基础。在人际交往中以“礼”交谈，能够有效地积累人脉。在交际场合中，我们要重视“礼”带来的影响。一些女性平时性格大大咧咧，不太注意日常交际的礼仪，看似不经意的话语，可能就会触及他人敏感的神经，造成不必要的误会。谙熟说话之道的女人，要留意“说者无心，听者有意”的现象，如果不能严谨地遵守说话中礼仪，就可能让他人产生对本意的曲解，进而影响双方之间的交往。

放眼鲁迅先生笔下的人物，“祥林嫂”作为封建礼教的牺牲品，在今天读来仍有触动内心的震撼效果。现代生活中，虽然封建礼教已经不复存在，但是现代生活的礼仪，仍然影响着人们的生活，支配着人们的价值观念和行为规范。现代社会新风气的引进，国际化视野的打开，“杀人”的封建礼教在现今已经是几乎荡然无存了。但是，如果不能够遵守现代礼仪中的禁忌，不考虑自己的立场和对方的观点，就可能造成不良影响。礼的观念在人们生活中已经根深蒂固，在发生跨区域或者跨国别的交际时，遵守异域的礼仪之道，就显得更为重要。好的礼仪规范，能够表达自己对他人的尊重，同时也有助于自己尽早地融入到当地的生活当中。女性在待人接物时，更是要打起十二分的精神，将“礼”字放在第一位，做个唇齿生香的女人。

《红楼梦》作为中国传统小说的经典，在大视角的叙述中，刻画了许多个性鲜明的女性形象。其中，王熙凤的形象可以说是深入人心，同时在现代人的观念中也是颇有争议的一个人物。作为荣国府中的掌家女主人，王熙凤虽然性格泼辣，但是在言语交谈中却是礼数周全、说话得体，完全是精明能干的女强人。抛开王熙凤在情节发展中的情感元素，只讨论她的说话之道，可以说王熙凤完全称得上一位社交高手。从黛玉初入荣国府，王熙凤一开口便展示了自己非凡的说话才能。王熙凤的登场是“未见其人，先闻其声”，一阵爽朗的笑声加上“我来迟了，不曾迎接远客”，一张口便给人留下亲切、热情的印象。初见黛玉，王熙凤便拉起了黛玉的手，送到了贾母身边，并笑着感慨说：“天下竟有这样标致的人物，我今儿才算见了！”不管是什么身份地位的女性，能够被别人夸奖自己的样貌，内心都会感到欣喜。夸奖对方的样貌和穿戴，不仅是对对方的一种尊重，也是博得对方欢心的重要方法。“况且这通身的气派，竟不像老祖宗的外孙女儿，竟是个嫡亲的孙女儿，怨不得老祖宗天天心头一时不忘。”这一句话，不仅抬高了原本庶出的黛玉，同时也无形中称赞了贾母的风度气质。同时，还借自己之口，表达了贾母对于黛玉的挂念，做了顺水的人情，实在是“一言多得”。王熙凤又说道：“只可怜我这妹妹这样命苦，怎么姑妈偏去世了。”王熙凤的这一席话，巧妙地对刚刚丧母的黛玉作了非正式的问候，让黛玉深感安慰。而听到贾夫人半嗔半怪地埋怨自己，王熙凤立刻话题一转：“我一见妹妹一心在她身上，又是喜欢，又是伤心，竟忘了老祖宗。该打，该打！”王熙凤之前已经铺垫了黛玉既像贾母的嫡亲，心疼关心黛玉，更不会惹贾母的怪罪。周全的礼数，让王熙凤的言谈无懈可击，成就了她社交女王的形象。

综观《红楼梦》，搜罗了各种形象特征的女性，同时也写出了不同性格女性在当时社会生活中的命运和价值。虽然王熙凤在文章中并不是一个受到大家一致爱戴的人物，但是放在当今社会，王熙凤却是一个十足的女性领导者的形象。她八面玲珑，遵守着社会规范和人情世故之中的“礼”，让你在每一次与其接触中都能心服口服。那么，现实生活交际中女性怎样做才能彰显个人气质呢?

方法一：点到为止，不做“毒舌妇”

在和他人交谈中，对一些敏感话题，只可点到为止，千万不可刨根问底。这是在私人礼仪交往中的一个底线，任何人都不能跨越这个底线，否则可能就会导致不良的后果。每个人都有自己不愿意与对方分享的心理世界，在与他人交谈之中，为了保护他人的尊严，一些话题要小心地一言带过。切记不可为了满足自己的好奇心，以揭开他人的心灵创伤为代价，对他人的隐私话题刨根问底。如果不能注意这样的言语禁忌，不仅会影响双方的关系，同时也会给人留下“毒舌妇”的坏印象。

方法二：守住嘴巴，不做“长舌妇”

常言道：“谁人背后无人说，谁人背后不说人。”意思是说大多数的人，都可能在背后谈论他人，而自己也不免会成为别人谈论的目标。很多女性常在一起谈论他人的是非，就事论事的讨论本身无可厚非。但是如果上升到人身攻击，将他人的缺点或者糗事到处“爆料”，就会落下“大嘴巴”、“长舌妇”的恶名，在言语交际中受到他人的提防，从而自毁形象。女性在社交环境中，一定要注意守住自己的嘴巴，不要随便议论他人的缺点。在开口谈论他人之前，先想想自己有没有这样的缺失，如果自己还不如对方，那么请赶快闭嘴，先反省自己的言行。

方法三：做他人心灵的港湾

人们在生活中难免会遇到挫折，毕竟人生不如意事十之八九。在他人遇到不如意的时候，不如挺身而出，给他人一个臂膀，做他人心灵的港湾。俗话说：“言多必失。”如果自己的社会经验尚浅，在言语交际中不能给他人很好的意见和主张，不妨少说多听。做他人心灵的港湾，聆听对方的言语，安慰对方受伤的心灵。少说多听，同时也是避免自己言语犯错的很好途径。多从他人的角度想事情，多吸取他人言语上的经验，就能够有效避免触犯言语禁忌。另外，在言语上处处以“礼”当先，做到“非礼勿言”，就能使女性在社交中拥有不俗的表现。

【名嘴寄语——洛克赠言】

“礼仪是在他的一切别种美德之上加上一层藻饰，使它们对他具有效用，去为他获得一切和他接近的人的尊重与好感。”英国哲学家约翰·洛克对于交际中的礼仪，有着很好的评价。礼仪不仅能够帮助自身获得他人的尊重与好感，更是走向成功的润滑剂。只有谨守礼仪禁忌，“礼”字当先，才能做个能说会道的可爱女人。

不要以刻薄讽刺的言语得罪人

在我们生活中有一些女性，她们说话直来直去、从来不掩饰，常常坦率地表达自己内心的想法。这样的女性勇敢、坦率，毫不掩饰，也不矫揉造作，通常给人留下潇洒、直接的印象，往往这样的女性性格大胆，接触起来也十分自然。然而，有时候过度直接的言语，会演变成一种近似刻薄的讽刺。女性心直口快的性格，固然会让人感觉坦诚而易于接触，但是过于直白的方式也会让人感到十分不适。我们常戏称真理向来是赤裸裸的，生活中真正的道理恰恰都是朴实而没有经过修饰的。但是对于我们的言语交际来说，想要让他人更好地接受我们阐述的道理，就不能采用过于直白的方式，加以修饰的话语可能更易于被他人接受。

语言是人们交往的一件外衣，人们的修养、素质都能通过讲话的方式表现出来。在恰当的场合说出合适的话语，就如同女士身着得体的服饰，穿梭在各大场合，给人以优雅的印象。反之，太过直白甚至是尖酸刻薄的话，就像是过度暴露的服饰，不仅让听者面红耳赤甚至是暴跳如雷，同时也降低了自己的身份和形象。有些女人尖酸刻薄话语的背后，其实是一种心理失衡的体现。归根结底就是一种攀比心理在作祟，凡事都要与他人比较，凡事都无法忍受自己落在后面。一旦发现他人拥有的更好，心里无法承受，就会口出恶言，用语言来化解内心的不平衡。发生这样的情形，最为首要的并非是语言表达上的技巧，而是要从心理机制进行调节。放开胸怀，多祝福他人的美好，少计较自己的得失，女人才会笑得更美。

有些女性说话刻薄，但是实际上内心善良，我们常称为“刀子嘴，豆腐心”。很多女性说话刻薄，但是出发点却是好的，往往她们希望能够通过这种直接表达的方式，让对方理解自己的想法和态度。然而，结果却事与愿违，不仅听话者并不领情，同时也会因为自己的直白而得罪他人。要改变开口刻薄的说话习惯，最重要的是要尊重对方，多站在对方的角度想问题。开口之前不妨先换位思考，想清楚如果是他人与自己说类似的言语，自己能否接受。恶言恶语一出口，虽只是一瞬间的事情，但是给双方带来的巨大伤害却是不可估量的。密切的关系，多年积累下的感情，很可能就在自己冷言冷语的讽刺中消失。言语上的伤害有时候就像是一把利剑，刺痛对方的心灵。

李女士来到平时经常光顾的理发店里理发，恰巧平时经常为李女士设计发型的设计师不在，老板安排一位新发型师为李女士服务。谁知李女士张口就说道：“你是新学徒吧？给我理发用心点，过几天还有会议呢，要是剪坏了你可小心自己的饭碗。”发型师听了李女士的话心里有些不高兴，毕竟这是自己的第一个客人，发型师希望能给自己和顾客都交上一份满意的答卷。发型师很认真地修剪起李女士的发型，修剪完之后，李女士一看镜子说道：“你这怎么剪的啊？还留了这么长，是怕我不给钱还是怎么的？”这时候店长在一旁赶紧说道：“这头发留长了好，显得您含蓄而不外露，符合您的领导身份啊！”李女士听罢，撇撇嘴说：“再修修，仔细点剪。可别想敷衍我啊！”于是，按照李女士的要求，发型师继续修剪，按照原来的样式修短了发型。哪知李女士大怒，喊道：“你是在哪里学的这三脚猫的技术啊？剪了半天剪成什么了？我看你这手艺根本做不了发型师，赶紧收拾收拾回家算了。今天出门碰到你这么个不入流的小工真是倒霉透了！”发型师在一旁一脸的窘相，店长只得过来圆场：“瞧您的头发剪得精神着呢，一看特别干练。您这是样貌端庄，剪什么发型都漂亮。咱们这里虽然剪得慢，但是为了‘首脑’，多花点时间也是应该的。李姐，您也别生气，先坐下我给您重新修整一下。我先给您做个肩部和脊椎的放松，我看您这一直是紧张状态，一看您生活中就是经常忙碌，对自己要求特别高的人。完美主义者一般在生活中都比较辛劳。其实，您看您这个发型，主要是您觉得不符合您的一贯风格。其实吧，生活可以换换方式，尝试下新的风格。”李女士听了店长耐心的劝解，心中的愤怒消散了一大半。“不好意思小伙子，刚才说话有点刻薄，咱们都相互谅解下吧。”

性格严谨、精益求精，本来是做事细致认真的表现，然而不顾他人的感受，自认为高高在上就言语刻薄，实在会令人生厌。纵然自己有一万个合理的理由，尖酸刻薄的讽刺方式，也会让人感到无所适从。“得理不饶人”也会让人感到很难应对。本来自己是受害一方，可是刁蛮的态度，会让对方很难心甘情愿进行歉意的行为补偿。其实，想要解决言语刻薄的不良习惯，不妨从以下几个角度来应对。

方法一：平衡心态，放低姿态

生活中平衡是一种良好的状态：工作和休闲平衡，人们能够获得充分自我更新的动力；丈夫和妻子的地位平衡，就能让家庭和睦、幸福美满。生活中平衡的状态是让生活归于和谐的重要秘诀，而平衡的心态也是保持心情舒畅的重要因素。刻薄讽刺的源头，就是因为没有把自己的心态和姿态调整好，总认为自己是高高在上、高人一等的女性，在和他人讲话过程中，自然就不会有好的语气。其实，不管自己身在什么岗位、是何种身份，和他人说话的时候都应该遵循平等原则。女性说话时刻透露着尖酸刻薄的态度，彰显着特权的思想和名副其实的“女王病”，会引起他人的反感和厌恶。

方法二：控制情绪，以大局为重

说话尖酸刻薄的女人，往往行事较为自私，没有充分关注他人的内心，同样也没有把大局放在眼里。言语刻薄的女人，在说话的时候只是急于表达自己的观点，没有考虑他人的感受，同样也没有预料到自己的言语是否会给交际圈的其他人带来负面的影响。女人心思细腻，很容易就陷入自我的生活圈子当中，关注自我的小情绪，满足于自我的小幸福，又喜欢挑剔他人的小过失。其实放眼世界，不要太在意自己，放开胸怀就会感受到世界的神奇多彩。在批评他人的同时，也要控制好自身的情绪。女性在人际交往中，要注意做好情绪管理，以交际中的大局为重，不要因为自己的个人情绪而影响交际大局。

方法三：倒数三秒，点头微笑

很多心直口快或者是不善于情绪管理的女性，可能在改善自己不良习惯的时候，都需要经历一段不断适应和调整的过程。那么，在刚刚开始调整的时候，可以记住“倒数三秒，点头微笑”的口诀。其实，倒数三秒说到底就是一个忍让的限度。用三秒钟来压制内心的暴躁情绪，强制禁止尖酸刻薄的话从自己嘴里说出，同时，辅以点头微笑，用阳光的心态和姿态，来克制自己的情绪迸发。此外，谨记当自己毫无思索地向他人提出批评时，并不会对他人的错误产生提醒作用，而是会让对方产生逆反心理，同时也会给自己落下尖酸刻薄的名声。

【名嘴寄语——尤特里丰诺夫赠言】

“无论什么时候，没有必要就不要用话去刺别人，哪怕是很轻微的。” 尤特里丰诺夫在《老人》中阐释了说话的基本原则，言语沟通本是为了拉近彼此的距离。在交际当中一定要避免言语尖酸刻薄的情况，因为这样的言语不仅对对方是一种伤害，对于自己人际关系的培养也只是有害无利。甚至一时的失语，就会得罪他人，破坏自己苦心经营的交往圈子。

包容大度，字里行间有尊重

包容大度是一种生活态度，同时也是一种悠然自得的生活艺术。包容大度的女人，在生活中能用豁达的心态去面对生活。她们有更为宽广的视野，她们更能体会到生命的至美、至诚。包容大度的女人，能够跳开周遭的烦扰俯视自己的生活，她们不会用情绪的围城把自己局限在小小的空间中。女性心思缜密，对待各种事情都能细腻周全。然而，有时候过于缜密的心思，就会形成斤斤计较的不良习惯。尤其是在言语交际中，“说者无心，听者有意”情况的发生，多半都是由于胡乱猜忌而造成的误会。对于女性来说，心胸开阔并且对他人包容大度，不仅能让自己在交际圈中获得良好的口碑，同时也能让自己避开烦恼而乐享生活。

包容大度是一种美德。包容大度的人，思想和行为永远是指向正能量和正方向。他们不仅关心事情发展的结果，更在意事情发展的过程。最为重要的是，包容大度的品德能指引他们重视事情未来的发展趋势，而不是纠结于现在眼前的利益。在言语交际中，包容大度就是以平和心态来面对他人。面对他人的缺失，要学会不与之斤斤计较，而是以微笑的方式来破解与对方的冲突。面对对方的指责，即使错误不在自身，也不妨轻声细语地和对方解释清楚。当对方言语存在失误时，做到不落井下石，要用言语进行鼓励和支持。能包容他人的指责，能谅解他人的错误，在言语交际的字里行间都要透露出尊重。

随着时代的不断发展，女性的地位越来越受到重视。女性解下围裙，换上工装，在更为宽广的天地里与男人们一起打拼，一起推动社会的进步与发展。女人们可以选择自己喜欢的行业，加入自己喜欢的话题，掌握自己热爱的技能。时代的发展，让女人的美又有了重新定义的机会。但是，毕竟男女有别，在生活交际和工作中也有一些对于女性来说十分敏感的话题。面对这样的话题，女性大可以不必面红耳赤地与之争论，不妨包容大度一些，用巧妙方式回答对方的问题。尤其是在工作的应聘环节中，对方一些尖锐的问题，时常让女性很难作答。如果面露厌恶的神色，就可能与工作机会失之交臂；然而，若是直言相告，又会破坏彼此交往的谈话氛围。因此，此时合理的应对就显得尤为重要。

林小姐为人开朗大方，打算应聘某公司的行政助理。面试官示意林小姐坐下，一见面没有寒暄，直接问道："林小姐，您觉得工作和家庭哪一部分更加重要？您认为工作和家庭之间的矛盾，要如何解决？"林小姐微笑地看着面试官说道："我觉得工作和家庭是同等重要的。如果没有幸福的家庭作为后盾，就不可能在工作中全身心地投入。反之，能够把家庭关系处理得井井有条的女性，同样也能在事业上做得不同凡响、蒸蒸日上。在各种难题中，这经营家庭的学问是最难做好的。"面试官略微点了点头，又说道："那你婚后，是否打算在近期生育？"面对这个涉及个人隐私的话题，林小姐落落大方地回答道："我是一个很重视自己职业发展的人。面对个人问题，我会以不牺牲公司和自身事业发展为前提，妥善、理智地处理好这个问题。"面试官不露声色又抛出了下面一个难题："冒昧问一下，您打算如何处理和上级之间过于密切的关系呢？"林小姐迅速拂去心中的不悦，从容答道："能问到这个问题，我想贵公司是一个作风正派的企业。我想贵公司的领导也一定都是光明磊落之人，我觉得在这么一个正能量十分强大的公司工作，我一定会全力以赴。您所说的那种情况自然也不会发生在我们公司中。"一般而言，如此刻薄的面试话题，会激起很多女性的反感。但是，这个时候不妨包容大度地对待，当成是公司对自身心理素质和应变能力的挑战。对于其中的内容大可不必在意，无论对方给自己提出怎样刁难的问题，都要在字里行间透露出对对方的尊重。其实，这并不仅仅是对面试官的包容大度，更是一种对于自己工作机遇重视和珍惜的态度。

方法一：面对敏感话题，宽容大度

敏感话题是指角度刁钻、让自己一时不知如何回答，或者是指向敏感方向，可能是一些禁忌的话题。然而，也有可能是针对于女性本身提出的歧视性话题，比如产假、婚假等，有些用人单位为了节省用工成本，想要在女性福利中节约开支。很多敏感话题，对于初入职场的女性来说都是不好解决的。但是，对于敏感话题的应对，我们要找出对方提问的根本目的。面对他人向自己提出的敏感话题，很多女性都会被恶性情绪所点燃，最终猛烈反击对方的言语，造成自己的失态。所以，千万不要陷入气愤当中，与对方一拍两散，要沉下自己的气，让对方表达出自己的要求，同时也趁机梳理自己的思路，想好应对之道。尤其是一些有身份地位的女性，一时间不能恰当地控制自己的情绪，不仅会让事情无法进行，更可能让自己优雅的形象瞬间倒塌。

方法二：绕开话题，避免难堪

当自己遇到一些无法回答的话题，如其与对方硬碰硬，不如想办法回避话题。有效地回避话题，不是懦弱的表现，而是给自己留有分寸，从而在交际中掌握主动性。面对一些恶意的指责和批评，女性也要充分显示出自己心胸的宽广。即使对方以恶言相对，自己也要以尊重的言语来回敬对方，切忌与对方发生言语上的正面冲突。有时候，自己的失态恰恰满足了对方的不良目的。这个时候，可以巧妙地绕开话题，以免碰触到尴尬的言语，让自己陷入进退两难的境地。在发现对方有故意将自己绕进难堪话题的时候，我们完全不用见招拆招，其实以包容的心态来应对，也是一种上乘之法。以不变应万变，才是为人处世最为稳妥的方式。即使是面对对方的主动攻击，也要保持宽容大度的心态，在自己没有任何缺点而受到他人言语攻击的时候，其实只能证明自己的优秀引发了他人的妒忌。此时，你包容大度的微笑，就是对对方最强有力的反击。

方法三：有理也要让三分

生活中处处都有矛盾，处处都可能会与他人发生摩擦和冲突。在社会生活当中，我们既要做好顺风顺水的惊喜，同时也要准备好直面迎接他人的挑战。人生之乐也正在于此，不断地面对新的日子，不断地获取新的信息，不断地迎接新的挑战。人际交往时，如果对方在言语当中流露出挑衅的言语或者直接是侮辱性的语言，这个时候要表明自己虽然尊重对方，但是也有权利对于这样的交际方式表示抗议。大义凛然地与对方直言相对，这个时候要显示出自己正直的态度。即使是受到了他人的言语攻击，只要对方不是有心而为，或者在言语出口后即有悔改之意，那么也要以包容的心态来接纳他人的歉意。千万不可做“得理不饶人”的女性，以免给他人留下尖酸刻薄的印象。

【名嘴寄语——常宝华赠言】

“世事如棋让一步，人生似海纳百川。”著名的相声表演艺术家，告诉人们人生就如同一盘棋局、一片大海，劝诫人们要有争有让、有进有退。在交往中，相互之间要报着宽容的心态来对待他人。在言语交际中也是如此，没有必要为了一句话而争得面红耳赤。说话要包容大度，字里行间也要有尊重。得饶人处且饶人，有理也须让三分。

化解矛盾，春风拂面存谅解

人是社会化的动物，在生活当中人与人之间的相互沟通、相互交流、相互协作，就构成了整个社会不断向前发展的动力。不同的社会生长环境，不同的价值观与认知，会造成我们彼此之间心理和行为上的差异。差异的形成也就导致了矛盾的产生，而正是大小矛盾才促成了社会的不断向前，也让人们之间加深了对于彼此的了解。所以说，矛盾的产生是一种必然的现象，我们应该以积极的心态来对待。让大矛盾化小，小矛盾化无，用宽容与包容融化彼此心中的干戈，早日酿出两人心灵间的玉帛。矛盾的化解核心问题就在于沟通，双方相互之间倾诉出各自的观点和立场，试着向对方说出自己的看法，是矛盾解决的开端。一旦矛盾发生，要想办法让双方尝试沟通，千万不能让关系陷入到冷战当中。冷战对于双方的关系，无疑是一种慢性自杀，千万不要任性为之，让双方的矛盾越陷越深。

哲学上说，事事有矛盾，时时有矛盾，矛盾的产生是无可避免的。矛盾虽然会引发双方的冲突，但是换个角度来说，矛盾也是一种心灵的碰撞。唯有矛盾的出现，才能推动事件不断地向前。所以，在矛盾面前我们首先要以正确的心态来对待，发现矛盾就去解决矛盾。聪明的女人懂得进退自如，在矛盾面前学会包容和宽容，同样也知道用恰当的方式据理力争，巧妙地捍卫自己的尊严。尤其是在工作当中，可能每天都要面对的是形形色色的客户，性格千差万别的领导、同事，素质高低有别的各色人群。在交往的过程中，如果一些小矛盾、小摩擦不能稳妥地处理，就可能使矛盾升级，从而陷入进退两难的交际困境当中。女人要学会多体谅他人的苦衷和难言之隐，让自己宽广的心胸包容世间不平之事，让自己成为一个不平凡的女人。

矛盾的产生，归根结底在于双方都陷于某件事情的麻烦之中，而不知用最为便利直接的方法迅速解决。很多时候在矛盾会发生的时候，大家都固执于事情的过程，竭力地想要找出事情的对错，到底责任是归属于哪一方。其实，在事态已经发展到出现矛盾的阶段，我们首要解决的事情就是将其化解，而不是努力寻找责任方，各自撇清责任。矛盾产生以后，我们就要着手进行解决，千万不能逃避，任其发展，因为很可能小的矛盾会逐步扩大，最终形成不可逆转的形势。很多女人的心中都留有完美主义的痕迹，对于矛盾她们没有勇气面对，同样也不想戳穿美丽事物背后的瑕疵，导致原本可以解决的问题越来越严重。女人只要心存谅解，而不是局限于小的区域当中，海阔天空的心境背后，就一定会拥有更为宽广的未来，定会拥有适宜自己发展的大格局。

刘欣与刘元是一对夫妻，结婚十几年了，仍然恩爱如初。在漫长的人生旅程当中，能和爱人一起相互扶持，走过漫漫的人生之路，实在是令人感到幸福的一件事。在人生的众多关系中，夫妻是最为亲密同样也是最为难处理的一种关系。“我们的相识，其实就是源于我们两个人的姓氏。因为都姓刘，两个人又都是同年出生，结果当时学校把我们的信息搞混了。就因为这样的阴差阳错，为我们的相识提供了契机。”丈夫刘元在回忆两人最初的结识时，仍然是一脸温馨的笑容。刘欣幸福地依偎在刘元身边，说道：“其实我们生活当中也是磕磕绊绊一路走过来的。在生活当中，我们能够一直风雨兼程地走过来，是由于两个人在生活中能够相互扶持、相互忍让。大大小小的矛盾，堆砌在两个人的生活中，对彼此都是一种负担。”刘元接过妻子的话，说道：“其实，在这么多年的生活当中，刘欣的一种举动特别让我感动。就是每次我们俩出现矛盾的时候，其实都是她在第一时间主动让步。这么多年了，我们俩之间虽然也有大大小小的吵架，但是从来没有冷战。很多时候都是刘欣给了我一个‘台阶’，而我顺着‘台阶’走过来，我们生活也就恢复了正常的秩序。其实，两个人的婚姻生活并不是一场战争，没有必要计较孰多孰少、谁是谁非。”

矛盾的点燃与矛盾的化解，其实就是一念之差，我们只有在生活中相互忍让，才能让彼此携手通往更为明朗的通途。感情之上无小事，生活中小的矛盾一定要及时进行化解，才不会逐渐地累积成生活的重压。

方法一：换位思考者天下无敌

换位思考是指，在人际交往中能够设身处地地为他人着想，想他人所想，以理解至上作为交往之中的原则。换位思考其实是对于他人心理体验的一个过程，要求我们从客观出发，将自己的思考行为和他人的人生经历对照起来，以自己的经验来预测和感受对方的想法。通过了解对方行为背后的心理机制，从而达到与对方的情感沟通。能够换位思考的人，必然是生活中的智者。双方交往的过程，其实就是一个不断了解、适应、探寻彼此内心世界的一个过程。懂得站在别人角度看问题的人，是一个有全局观念的人。我们的世界是一个不断发展变化的过程，人与人之间思维方式和价值观的不同，正是世界多元化的一个体现。能够换位思考者，懂得从他人的立场看问题，懂得用不同的姿态或仰视或俯瞰人生，在不同的视角中解决彼此之间的矛盾，实现双方的共赢。

方法二：有一说一，不让矛盾留死角

“人生若只如初见”，很多人将最美好的时刻聚焦在初次相遇的时刻。在发生矛盾冲突的时候，不妨将彼此之间美好的回忆打开。回忆当初的美好，又怎么忍心将眼前的僵局一直持续下去。矛盾和万物的生长一样，都是由小到大，逐步地变化。在发生矛盾的时候，大家要学会在第一时间把矛盾、误会解释清楚，尽快进行解决，否则一时的任性，就可能让矛盾越积越深，最终陷入不可化解的境地。遇到矛盾的时候，要做到有一说一，不要进行人身攻击，或者是将话题扯远，一味地找出“陈年烂账”而纠缠不清。有人说男人和女人吵架总是争论不休，原因就在于双方的关注点不同。男人关注的是事件本身，而女人关注的是对方的态度和化解矛盾的诚意。对于女人来说，在出现矛盾的时候，不要习惯性地引出其他问题以混淆视听，而是要就事论事，不要让矛盾留下死角，否则一个小小的蚁穴都可能溃决千里的堤坝。

方法三：一忍一让，两厢有礼

古人所说的“克己忍让”，其实讲的就是“一人一让”的道理。生活之美，就在于双方都能够以礼相待，让彼此之间都能体会到生活的美妙和乐趣。人生的乐趣有很多，不要让一时的冲动情绪和一时的口无遮拦破坏了彼此之间的心境。“小不忍则乱大谋”，生活中多元的美好都是建立在平静安宁的生活基础之上的。双方沟通的言语不是攻击的工具，更不是一场比赛，包容中体现的大度，更能显示出女性善解人意的特质。生活中的酸甜苦辣，其实没有大小之分，为生活之美忍一忍，为生活之乐让一让，日子就会被欢声笑语所填满，我们的内心就会被幸福的滋味所占据。

【名嘴寄语——马克思赠言】

“友谊总需要忠诚去播种，用热情去灌溉，用原则去培养，用谅解去护理。”不论是爱情、友情还是亲情，其实生活中的事情大抵都是如此。用热情去灌溉，用原则去培养，用谅解去护理，看起来平淡无奇的几句话背后却是耐人寻味的道理。结下一份感情固然需要机缘，但是守候一份感情却更加需要彼此之间的谅解。谅解他人的错失，谅解他人的不完美，甚至是谅解自己的失误，谅解自己不尽如意的地方。化解矛盾的至尊金牌，就是谅解二字，怀揣着这两个字，到哪里都能让你的心境如沐春风。

自信智语，定义成功

爱默生曾经告诉我们，自信是人成功的第一秘诀。自信就是相信自己的直觉和力量，它是女人在事业、爱情中不可缺少的一种必备秘器。人的一生一定会经历很多的艰难苦痛，在生命的每一个过程，无不如凤凰涅槃一样，除去旧的自我，在经历成长的艰辛后，焚烧掉自己的缺点和不足，才能获得新生。自信确实是一种力，可以说是一种魅力，更是一种魔力。自信的女人眼神中透漏出的是坚定，她不会闪躲你的目光，不会在决定时显得犹豫不定。自信的女人走到哪里，都能让人感受她身上散发出来的动人光辉。如果说外表的美丽是一种天赋，那么内在的自信就是后天养成的一种好习惯。人们喜欢同自信的女人一起交谈，因为她的言语中永远是包含了无畏的勇气以及永不放弃的希望。

自信的女人眼神中闪烁着智慧，心中充满着对未来的无限希望。她懂得如何在平淡中寻找热情，如何在静默中寻找默契。她懂得如何将平凡的日子描绘成最为动人的诗篇，如何从纷繁的物质中提取精神世界的精粹。自信的女人知道微笑的意义，即使最为艰难的日子，也能够看见她们自信的微笑。自信是一种昂扬的姿态，任风雨来袭我仍屹立于其中坚挺守候。生活的苦难，确实让我们需要一种信仰。为此，有人选择宗教信仰，有人选择崇拜偶像，有人选择金钱至上。其实相信什么样的力量，都不如信赖自己来得直接也更为可靠。自信对于生活来说是无比重要的，无论是在事业、爱情、亲情中，自信都是一种支撑我们相信未来的力量。自信是一种无所取代的信仰，是对个人经历和所处环境的一种积极评价。

自信的女人懂得说智慧善语，在人群中寻找最为适宜自己的位置。自信的女人走起路来，抬头挺胸、昂首阔步，矫健的步伐让你不禁想要跟进她的节奏。自信的女人在面对选择的时候，不会优柔寡断，她们自信自己的选择，同样也愿意接受选择之下可能带来的风险。自信的女人懂得享受人生的波澜起伏，在一次又一次的挑战中学会从容面对。当然，每一个人都会经历生活的低谷期，自信的女人也难以避免。然而，自信的女人懂得用智慧击退烦恼，用自信的姿态迎接前所未有的挑战，在自信的锋芒中，越过困难，重新启程。当所有人都为眼前失败的情绪所困扰时，自信的女人走出来，给大家勇气和力量。正是靠着这样一种力量的支撑，才能让大家渡过人生瓶颈期的难关。

陈妮是个北方女孩，只身来到北京工作。大都市里的车水马龙、匆忙的节奏让人不禁感到疲倦和烦恼。陈妮是在自己的家乡读完大学后，来到北京找寻自己发展的机会。偌大的北京城里，没有户口的不安感始终笼罩在陈妮的心头，来到北京之初的激情都幻化成了心里的烦恼，像一团乌云压在了自己的心中。陈妮约出了自己在北京唯一的朋友，打算把自己的决定告诉她。“如果一年之内我不能把自己嫁出去的话，我就离开北京。”陈妮的一句话，让朋友感到十分的震惊。“陈妮，你是因为什么下了这么大的决定啊？”朋友不敢相信自己的耳朵，不禁开始向陈妮发问。“我觉得在这个大都市中，很多的东西让我无所适从，让我没有安全感。我觉得这个城市没有接纳我，我觉得靠我自己的能力根本无法在这个城市立足。我出生在一个普通的家庭，我的父母也都是普通人。我觉得靠我的双手，可能根本没有机会改变自身的处境。”朋友看着陈妮眼神中流露出的伤感，不知道怎么安慰身边曾经患难与共的好朋友：“陈妮，你知道你来北京之后丢掉什么了吗？”陈妮摇摇头，勉强说：“你是不是特别看不起我？我知道，我也没想我自己最终竟然变成了自己最讨厌的那种女生。竟然想到要靠男人来改变自己的命运，可是我觉得这是我自己的唯一出路了。”朋友摇摇头说道：“其实，想要过上好的生活，并没有什么不对，想要早点给自己找一个归宿也没有什么不妥。可是，你知道现在你出了什么问题吗？你丢了自信。这是一个女人一生当中最不能丢弃的东西，还没得到你自己想过的生活，你就把自己弄丢了。这值得吗？”陈妮一脸的苦恼，可是却不知道去哪里重新寻找自己的人生自信。“这样吧，你和我一起创业吧，就像我们以前在学校一起努力考研一样。我现在开了一个网店，主要是新娘婚装用品的零售。虽然规模不大，但是每天也有很多的东西要学习和处理，我觉得有了你的加盟，这个店肯定会越来越红火。没准儿，到时候你就是穿着咱们店里的嫁衣成了最美的新娘。”其实，朋友为陈妮提出路并不难理解。当一个人在一个社会角色当中不能自如应对的时候，最好的帮助就是让她进入到一个新的环境当中。两年还不到的时间，陈妮与朋友就把小店开起来了，同时也恢复了往日自信的微笑。

女性如何让自己在人际交往中运用自信呢？

方法一：将自信当成一种能力

自信是一种信念，更是一种能力。说到底，自信的人总觉得生活要比想象好一点。自信的人，往往都有一种极强的抗挫折能力。自信是一种积极自我肯定的能力，自信的女人往往都是对未来有着很好的规划。她往往知道按照自己的计划和节奏，安排好每一个时期自己应该履行的责任和义务，让自己的梦想在有条不紊的规划与行动中逐步地得到实现。自信是种乘风破浪的能力，能够消除一切的阴霾，让所有的阳光穿越乌云密布的困境。女人的自信也不是凭空而来的，女人的自信在于自己不断地提升，不断追求完美。在过程中不断丰富自己，才能在结果中获得自己想要的一切。

方法二：自信不凡，妙不可言

在我们的身边，可能会遇到这样的女人：她们优雅大方，聪明智慧中又透露出几分可爱。她们的身上似乎有着太多令我们羡慕的东西。在各个领域都活跃着她们的身影。她们约聚三五好友，在运动场上挥汗如雨，自信与健康是她们身上引人注目的标签；挑选上一两种自己爱好的乐器，暗下苦功、反复练习，自信地登台，在他人的掌声中，寻找自己最光彩的瞬间。走到哪里，她们都是引人注目的“女神”。而她们身上所呈现出的气质，也是那么浑然天成的自信。然而，我们似乎从来没有换位思考过，是不是正是她们以往的自信，才造就了她们今天的魅力。她们正是凭借着自信，才让自己脱颖而出，享受着人生不同阶段的愉悦。

方法三：用自信来定义成功

谈及成功，本来就是一件主观的事情。很多人把事业的成长作为一种成功，也有很多人把爱情的美满作为一种成功。成功可以是一个结果，更可以是一个过程。自信是一种运筹帷幄的心态，用自信来定义成功，是一种气魄和勇气。女人的一生之中，不仅要说得出彩，更要活得精彩。成功不是一种攀比，而是一种状态。成功不是身后名，也不是存折数字后冗长的零。成功是自己对于自身的界定，是一种生命经历后的踏实感，一种丰盈充实的自我满足。用自信的心态来定义成功，就能给自己积蓄未来的能量，让自己拥有不断破釜沉舟的勇气。

【名嘴寄语——培根赠言】

“深窥自己的心，而后发觉一切的奇迹在你自己。”我们自己是生命唯一的主人，我们的身体和灵魂久久对视，你就会发现原来生命之处的印记，早已经给了我们破解生命过程难题的钥匙。自信是一种力量，是一种相信自己的力量。自信的女人，在言语上不一定多么慷慨激昂，但是一定是坚定不移的，正如她走过的每一步一样，稳健中一直走向前方。

第三章 言语机敏，做个善于社交的女人

说话是人们沟通的第一方式，想要在交往中给他人留下良好的印象，就要掌握言语交际中约定俗成的一些规定。在人情世故前，言语表达要得体大方，尽量入乡随俗，做到放低姿态、言语谦逊，察言观色、巧妙插话，富有亲和力，不得罪他人。女人在生活中需要面对越来越复杂的人际交往，如何才能让自己左右逢源，在社交场合中立于不败之地，确实需要实际的磨炼和自身个性的配合。

初次见面的两人，都会不断丈量自己与对方之间的心理距离，这时候女人不妨拿出最为真实的一面，以天然的一面来获取对方的信任和支持。即使是遇到了自己不喜欢的人，也要把怨言放在心中，用自己最擅长的话题，赢得他人的喜爱。说话要谨慎思考，切忌祸从口出。在办公室里，更要学会研习语言哲学，即使是嫉妒情绪，也不可轻易表现在言语中。

大方面对陌生人，坦诚以待

很多女性在平时与朋友接触时，表现出来的都是开朗大方的性格。然而，在一些特殊的社交场合或者在陌生人面前，就显得有些拘谨。这些女性之所以不善于面对陌生人，不善于开辟新的社交天地，根本原因就是太在意对方的眼光。其实在初次见面中，作为女性，表现得自然大方是获得对方良好印象的重要原因。只要真实、自信地表现出自己，就能够赢得对方的好感。有些女人在与陌生人交往的时候，总是会产生一种不信任感，从而束缚自己的个性。不妨换一个角度来看，交全新的朋友，与陌生人相识，就是一个全新的探险过程，他会带你进入到一个全新的领域中去，到未知的世界探索生命的美好。其实生命的愉悦，有时候就是放下心灵的防备，说一句：你好，陌生人。

面对陌生人，尤其是面对异性，有些女性时常会感到有很大的心理负担。甚至在新的社交环境，一和异性接触就会感到脸红，说起话来也是十分别扭。女性的矜持，有时候会造成一些社交上的窘境。其实，面对陌生人，落落大方地向对方率先介绍自己的个人情况，也是一种很好的解决方案，然后适时地找寻一些双方都感兴趣的话题，循序渐进地加深彼此之间的了解。提问也是一个很好的方式，既然你不知该如何展开交谈，不如把主动权交到对方的手中。自己可以提出一些想要了解的信息，让对方逐一地进行解答，这样既能减少自己交际能力不足的尴尬，同时也能让自己掌握交谈的节奏。

与陌生人交谈应该是一场没有顾虑的旅行，因为你们之间并没有过多的了解，所有的交流都可以从心开始、从头确立。与陌生人交谈的时候，重要的是自然大方地展露自己，切忌过于做作。在交谈中要注意自己的神态举止，语气也要温和亲切，言辞要得体真诚。为了调动对方的兴趣点，可以根据对方的身份选择一些对方感兴趣的话题。但是一定要注意拿捏尺度，过分夸张的声音和肢体语言，会让人感觉矫揉造作。留给对方良好的印象，与刻意讨好对方是迥然相异的。主动寻求讨好对方，可能给对方留下鄙薄的形象。大方的姿态，天然质朴的态度，是留给对方良好印象的基础。

其实，在与陌生人的交往中，距离感对两个人的沟通具有重要影响。如何有效地化解初次见面的陌生感，除了运用女人自身与生俱来的亲和力之外，也要注意平时沟通交流中的一些基本技巧。

小荷是医院的一名护士，看似简单的护理工作，实则需要极大的耐心和毅力才能做好。在与患者交往的过程中，不仅需要专业上的技能，更需要的是心灵之间的沟通。小荷年龄不大，可是入行已经有很长时间，被大家亲切的称呼为“小酒儿”。单从这个名字而言，就包含了大家对小荷工作的认可。“小酒儿”的名字，就源于小荷笑起来总是露出可爱的酒窝，时间长了大家就给她起了这么个可爱的名字。在日常的工作中，小荷几乎每天都要和陌生人接触，而良好的沟通，不仅能给自己留下一个好心情，更能给自己的工作提供积极的支持力。其实在与陌生人接触的时候，除了语言外，真诚也是一个重要工具。小荷总是会用真诚的目光，与对方进行初次交流，让对方感受到她的大方真诚。亲切的笑容紧随其后，这样的组合往往最能打动人心。这一天，病房新来了一位病人，长期从事公园的园艺工作。为了帮助这位病人放松心情，小荷趁着输液的契机，与其交谈起来。“张先生，听说您一直从事园艺工作。我家正好是住阁楼，一直想在阁楼外的天台种点植物，但是却不知道该如何布局。另外，这花草不知道有没有一些种植的禁忌，还想请您给我参谋参谋。”一听是有关自己专业的问题，张先生就立刻打开了话匣子，一一指点小荷在花草种植方面的常识以及应有的注意事项。听了张先生详细的介绍和指导，小荷兴奋地说道：“看来您还真是行家啊！我就是因为自己不懂这些，才让家里的天台一直荒废着。真是隔行如隔山，能在自己的领域做得精通还真是不容易。今天果然是问对人了，这两天还有什么不懂的事，得赶快请教您，不然过两天您出院了，这么好的师傅，我可就找不到了。”小荷的一席话不仅迅速拉近了彼此之间的距离，更是向张先生表达出了早日康复的期许，充分让人感到了真诚大方。

在与他人的言语交际中，其实万变都离不开“真”这一个字。自然真诚的交往，能够让对方放下手中丈量距离的尺子，让双方都能在生活中学会自然大方地以真我来交往。语言之美就源于发自内心，是一种素颜的无雕琢之美。小荷的言语表达，其实并没有过多的修饰，简单的言语反而传达出了天然的亲切感。

在面对与陌生人交往的环境中，首先要放平心态，以真实自然的态度面对他人。不要以设防的心态与他人交往。只有敞开心扉，才能让对方畅所欲言，迅速拉近双方的距离。具体方法如下。

方法一：主动出击，展示善意

在与对方初次见面的时候，不妨以主动代替被动。主动伸出手，向对方“示好”，大方地介绍自己的个人情况。先开口说话，可以消除与对方的隔膜感，同时降低彼此局促和紧张的心情。与对方交谈，想要让对方记住自己，最好的方式就是精心设计一个简洁有趣的“开场白”。这是在交往之前，我们可以有所筹备的方面。在语言交际中，做到大方地与陌生人交往，首先要学会树立自己自然亲切的形象。学会正视对方的眼神，用自己真诚自然的目光，迎接出现在你面前的这位陌生人。自然大方的微笑也是必不可少的，两者相互映衬，最能打动人。让我们在同陌生人的交往中，呈现出自然动人之美。从一个亲切的眼神传递开始，从一句自然的话语开始。

方法二：适当暴露自己缺点

很多时候女性希望能够保持自己优雅完美的形象，尤其是在陌生人面前，更是如此。人无完人的道理我们都懂，适当地暴露自己的缺点，其实让我们更容易获得谦和的形象。我们常说的“瑕不掩瑜”就是这个道理，适当的缺点反而能显示出自身诚实正直的品质。正是这种正直显示出女性天然的美感，同时也让他人产生对自己的信赖。适当暴露自己的缺点，其实是迅速拉近两人关系的绝妙方式。特别是对于个人条件十分优越的女人来说，在与同性接触的时候，很容易被认为是清高或者是故作姿态。这个时候，不如向对方说出自己的一些缺点，让对方感到自己的坦诚和真实。

方法三：无懈可击的开场白

在与陌生人初次接触时，你的开场白很重要，因为这决定了他人对你的第一印象。开场白完全可以根据对方的个人特点而量身定制。每一个人都有独特之处，我们要善于发现他人之善。一个好的开场白可以是择他人之善，用一个话题来激发他人的言语灵感。令你兴奋的事情，也就会即将发生。无懈可击的开场谈话之后，陌生人就很快成为你亲密无间的好友。除了开场白的言语之外，与陌生人相处的位置，也决定了话题是否能够顺利延展。意思是说处于什么样的位置，就应做出相应的选择。如果是与对方初次见面，为了避免眼神直视的尴尬，不妨选择坐在陌生人的旁边。以肩并肩的亲密感，来消除直视所造成的压力。

【名嘴寄语——托尔斯泰赠言】

大文豪托尔斯泰曾说：“与人交谈一次，往往比多年闭门劳作更能启发心智。思想必定是在与人交往中产生，而在孤独中进行加工和表达。”交谈在人际交往中占有重要的地位，那么面对陌生人的时候，我们要热情大方地与之交谈。这不仅是一个拓宽社交的机会，同时也是一个加强思考的必经过程。

女人的嫉妒，永远别表现在语言上

嫉妒是一种正常的心理现象，主要是差别和比较的产物。经过与他人的比较，从而产生了自身与他人的差别，最终导致心理的不平衡。嫉妒是人类的一种正常心理体验，本身是无可厚非的，然而由于嫉妒，往往带来一些人际交往中的负面影响，需要我们加以警惕。女性的心思细腻、自尊心较强，因此心理失衡的情况较男性更容易发生。嫉妒心理在交际环境中，就可能表现为不满、怨恨、敌对的言语方式，造成交往双方矛盾频发。嫉妒本身无可非议，作为人来说总是希望自己的生活能够优于他人，有时这种心理也会成为激发人前进的一种动力。但是，嫉妒之后怎么办，确实是我们要关注的问题。恶意的嫉妒不仅会给我们的心理带来伤害，长此以往也会引发一些心理疾病，甚至导致严重的后果。

女性由于自身的生理条件等原因，在交际环境中更容易表现出感性的一面。因此面对嫉妒心理，无法控制就容易祸从口出，为了逞一时之快而误了大事。在社交环境中，嫉妒心理不要表现在言语上，这是每一个女性都必须要遵守的基本原则之一。嫉妒本是人类一种正常的心理状态，但是如果一味地用言语攻击对方来寻求心理平衡，那么只能给我们的形象带来损害，对于自己来说也只是有害而无利。如果能在嫉妒之后冷静下来，努力找寻与对方的差异，就能够缩短与对方的距离，让自己更加接近完美。没有对比就没有差异，没有差异就无法区别优劣。生活中我们需要在对比中发现他人之好，不断地与之缩短距离，这就是在嫉妒心理过后，我们应该冷静思考的方面。

与男性相比，女性更容易陷入到敏感和防备中，其实这也是嫉妒心理在作祟。身边的很多女性穷尽一生，都把自己的人生放在与他人的比较当中。充满嫉妒目光的比较，让自己永远陷于狭隘的自我防备和嫉妒带来的无休止的心理失衡中。从外貌到身材、从家庭到事业、从朋友到伴侣，有些女性总是克制不住自己的嫉妒心理，以致陷入嫉妒到恶语伤人的怪圈，明知情况如此，可还是不能说服自己走出自我折磨的怪圈，从此一生都背负上沉重的枷锁。令人感到疑惑的是，女人的嫉妒指数会随着与对方的熟悉程度而逐步提升。对于他人的过分关注和对于自己的信心不足，都是造成女人大发嫉妒心的重要原因。

张蕾在金融部门工作，平时的工作压力很大，常常感到力不从心。漫长的假期中，张蕾叫上了几个闺密一起到海滩度假。看着清澈的蓝天、白云，张蕾的心情放松了不少。正当她望着无垠的大海、吹着惬意海风时，一个沙滩球重重打在自己头上。张蕾回过头一看，一个女孩身材匀称高挑，皮肤没有一丝瑕疵，穿着性感的比基尼向自己走来，微笑地说道："小姐抱歉，刚才我的同伴不小心打到你的头了。"张蕾一看女孩出众的外貌，嫉妒心便涌上心头，她大声嚷道："你们是不是不正常，人这么多你们还玩球，就光自己快乐了，全然不顾别人的感受。"女孩连连点头道歉，这时候女孩的同伴过来想替女孩解围："不好意思，我是他男朋友。刚才的球是我扔出来的，打在您的头上实在是抱歉。"张蕾打量了一下，金边眼镜的男士，身材不高，与女孩的年龄差异有点大，不过成熟稳重正是自己喜欢的类型。张蕾不无嫉妒地说道："行啦，你们注意点吧。都是出来玩，你们讲点道德，好心情都被你们破坏了。"张蕾一脸凶巴巴的表情，待他们走后，单身的张蕾感到心里十分不舒服，于是对闺密们说道："你看这两个人肯定是不正当的关系，年龄相差那么大。你们说呢？"几个闺密都面面相觑，苦笑了一下，不想参与这个话题的讨论，张蕾只能自讨没趣。几天的假期结束了，张蕾回到公司就听到了一个爆炸性消息，同部门的小李下个月将被送往国外进修。张蕾听了这个消息后心头一沉，作为一个新员工，她小李凭什么就有这样的机会，自己在公司兢兢业业奋斗了五年，怎么就没有这样的机会。下班的路上，张蕾对着同部门的小刘抱怨道："你说小李家里是不是有重要的关系？刚来两个月，老板就把重要客户都交给她了，论经验、论资历，她能比得上你我吗？凭什么这么好的机会，就让她霸占去了。"张蕾满怀嫉妒在一旁喋喋不休，小刘没有应声，可是过几天，关于张蕾嫉妒小李出国的消息，就在公司传得沸沸扬扬。而张蕾满心悔恨，后悔当初由于一时嫉妒心起，在他人背后说闲话。张蕾很是苦恼，不知道自己为什么总是陷入嫉妒的不良情绪中，冒昧地表现在言语上，总是给自己的交际带来麻烦。

既然嫉妒的结果那么不好，女性如何才能摆脱嫉妒心理，以正常心态与人交往呢？

方法一：不盲目比较

女性总是喜欢在比较中，寻找自己生活的平衡感，一旦比较发现自己哪一方面弱于他人，嫉妒心就容易占据情绪的制高点。其实，每个人女人都有他人看不见的一面。表面上聚光灯的焦点下，都会有自己生活的阴影和苦恼。也许你在庆幸她身居高位，却没有看见暗地里她承受的巨大压力。也许你看到了她表面上的婀娜多姿，却没有看到除了美丽，她的才能并没有得到别人认同。不将包含嫉妒的情绪和话语表现出来，最根本的方法是在心理求得平衡感。每个人有不一样的人生际遇，我们完全没有必要艳羡他人身上的幸福。各自的人生都有各自的精彩，也许她的经历移植到我们自己身上，会变成为另一种形式上的烦恼。坚信自己的拥有，其实你的生活远比别人更精彩。

方法二：做坏情绪的清道夫

嫉妒心态的来源，还是在于盲目的比较和虚荣心作祟。一旦陷入嫉妒心理，就难免颠倒是非黑白，道德的天平就容易开始倾斜。想要开口攻击他人的时候，首先要冷静下来，想想到底是因为自己的嫉妒心，还是由就事论事得出的结论。主动找到嫉妒的根源，就能够冷静地应对自己的心理状况，及时进行心理疏导，不至于将嫉妒的言语直接表达出来，对他人造成伤害。发现自己的不良情绪，一定要学会及时处理，主动做坏情绪的清道夫。消除掉坏情绪的方法，其实很简单。如果情绪烦躁无法自我驱散，不妨叫上几个朋友，互相倾诉彼此的心情，吃上一顿丰富的大餐，在唱K中尽情释放自己；或者是加入到运动当中，让烦恼随着律动烟消云散。

方法三：健康心态，不做“怨”妇

在生活当中，对待一件事情的态度，往往就决定了事情本身的结果。保持积极健康的心态，对于每个女人来说都很重要。我们常说相由心生，女人若是想保持不变的容颜，就要注意以美丽的心态来面对每一天的生活。平时要多参加集体活动，不要经常独处，以免情绪陷于偏激状态。言语表达的时候，要时常向对方传递正能量，可能诋毁他人名誉的话一定不要说出口。一定要培养自己健康向上的言语方式和生活态度，不做因嫉妒而到处抱怨的“怨妇”。即使是心有不甘，也不能将嫉妒表现在言语上。随着时间的流逝，自己也会发现，只要积极努力，自己也会和其他人做得一样好。

【名嘴寄语——斯葛多派赠言】

古希腊斯葛多派的哲学家认为：“嫉妒是对别人幸运的一种烦恼。”他人的幸运，却造成了自己的烦恼，是一种多么得不偿失的行为和心理。由于嫉妒而说出的言语，常常会显示出女性心胸的狭隘，甚至有时候让人觉得不可理喻。与其在言语上对他人冷嘲热讽，不如从中寻找到自己和他人的差异，并且为之努力，从而缩短与对方的距离，未尝不是一件好事。

面对讨厌的人，不可说讨厌的话

现代人们之间的交往越来越密切，作为社会人，我们不可能生活在真空的环境中。在与他人打交道的过程中，由于我们生长环境和成长经历的不同，每个人处理事情的方式和个人的喜好也就迥然相异。我们会在漫长的时光岁月中，遇到让自己一生难忘的至交好友，也会遇到一生的至亲好友，当然也会遇到让我们难以相处的讨厌之人。人与人之间的交往，确实是件有趣的事，由于每个人都有不一样的气质，很多人在见第一面之后，就确定了对方与自己属于一个阵地。也许是相似的生活经历，也许是相似的工作风格，甚至是相似的着衣风格和口味习惯，一个细节就被对方打动，很快成为彼此的朋友。作为女性来说，一个和谐的人际关系，不仅对自己身心有益，同时也是事业的助推器。即使是面对讨厌的人，也不能直接说出讨厌的话，否则树敌太多，会给自己人生的前进道路带来阻碍。

有时候，我们在工作和生活当中，也会遇到自己所不喜欢甚至是讨厌的人。可能是不同的地域文化，可能是不同的生活方式，人与人之间的喜爱似乎不需要太多的理由，而讨厌的理由则有千千万。面对自己不喜欢的人，他的一举一动都会刻上令你厌恶的标签。除了感觉上的误导，也有很多人确实是行为的矮子，成为大家厌恶的对象。尤其是面对道德品质不高的“小人”，即使感到厌烦，也不可用言语恶意攻击，这样的行径也会将自己列入卑鄙的同列。作为女性来说，即使不能够“以德报怨”，也要保持言语上的尊重。如果不顾自己的形象，向对方直接攻击，甚至是暗地里的抱怨、对抗，这种做法乃是社交中的大忌。俗话说，多个朋友多条路，多个敌人多个坎。社交网路的密集程度，有时候完全会超出自己的想象，一时失言开罪了他人，就可能给自己未来的道路增添了一些阻碍。

人生的际遇不可能是一帆风顺，在漫漫人生路上，你可能遇到自己情投意合的伴侣，也有可能遇到处处与自己作对的“死对头”。我们要感谢生命中的朋友，是他们无条件地在我们身边安慰和支撑我们。同样，我们也要感谢生命中那些令我们厌恶的敌人，正是他们的出现，才让我们不断地超越自我，一步又一步地逼近完美。如果是在社交场合遇到了自己不喜欢的人，大可敬而远之。不与讨厌的人建立密切的关系，可以与对方保持一个礼貌的距离。很多时候，个人经历决定了自己的对待人和事物的喜好程度，我们没有必要强迫自己去喜欢本来讨厌的人。在避免与对方发生言语冲突的情况下，保持自己在言语上的平和，去除不良情绪和带“刺”的话题，让厌恶的情绪不打扰到自己的心境以及正常的工作和学习状态，也是一种很好的处理方法。在社交环境中，我们会遇到形形色色的人，如何同讨厌的人相处也是对我们社交适应性的一种考验。

李佳是农村到城市里打工的女孩，平时衣着朴素，为人也是老实本分。和她一起租房子的女孩是本市人，而且家里条件不错，经常喜欢在李佳面前炫耀自己的家境，让李佳感到很反感。由于两个女孩子同吃同住，难免会发生一些摩擦，而同屋的女孩依仗着自己是本地人，经常对李佳说出一些尖酸的言语，搞得李佳心情十分压抑。李佳每次也不认输，总是要和同屋的女孩分出个胜负，但是每次都是两败俱伤。李佳十分想改善自己和对方的关系，可是一听到对方的声音都会感觉到十分厌恶。这一天对方带着自己的同伴回家，李佳正在客厅看电视，可是对方却视她为空气一样，连招呼也不打就带着同伴回到自己的房间。过一会儿，从隔壁房间传来了很大的音乐声，李佳知道准是对方又开始放摇滚音乐了。这时候李佳来到女孩的房间，轻轻叩着门说道："不好意思，打扰你们了。不过我在休息，麻烦你们能不能把音乐声音放小点？"李佳轻声细语地说道。同屋的女孩说道："我们玩我们的，你不爱听可以出去。我碍你什么事了？"李佳这次并没有与对方发生激烈地冲突，而是缓缓地退出了房间，轻声关上了门。隔着门缝，李佳听见对方的朋友在轻声劝道："你干什么呀？这就是你说的乡下女孩，我觉得她人还不错。我觉得你平时应该好好照顾她，同在一个屋檐下，低头不见抬头见的，别把关系搞得太僵。"随即，李佳便听到屋子里的声音调小了。李佳觉得即使是面对自己讨厌的人，也要彬彬有礼地与对方交往，只要能向对方表达自己的诚意，时间久了两个人的关系也会得到积极的改善。

如何与讨厌之人交往呢？具体方法如下。

方法一：巧用"镜子疗法"

心理学家说道："如果我们发现自己讨厌某个人，其实是因为我们身上也有同样的缺点。"也许大多数的人都不愿相信，其实你的内心中住着一个自己最不喜欢的自我。因此在遇到自己厌恶的人时，不要首先选择逃避或者是与之大吵一架。不妨静下心来，好好对应一下自己，先做一个深入的个人审视。也就是说，女性在与他人交往中，不妨也用"镜子疗法"。女性在梳洗打扮的时候，镜子里能够看到自己妆容的瑕疵，提升自己的完美形象。在与讨厌之人交往的时候，不妨也带上"镜子"，遇到讨厌的人，女性应该看看是否自己身上也具有同样的缺点，而不是一味的与对方进行言语纷争，损害自身的优雅形象。我们每天都会结识不同的人，面对不一样的事物，然而最难了解和真正认识的就是自我。不妨借着讨厌之人来袭之时，睁大双眼以新的角度审视自我。

方法二：距离产生美

有些女人生性就喜欢争强好胜，遇到自己讨厌的人，就禁不住要与之发生冲突。每每用言语征服对方后，方可感到空气清新、心神宁静。一旦战败，则哭天抢地，心里大为不平，满腔怒火无处释放。其实，在生活中这种喜欢争强好胜的女人并不少见，她们将所有自己讨厌的人，都放在敌人的位置上，总是打算一一征服，就算不能将对方打败，言语上也绝对不会留情面，最终的结果通常都是两败俱伤。其实面对自己讨厌的人，我们可以与对方保持适当的距离，不介入对方的生活，同样也不让对方介入自己的隐私领域。在遇到讨厌的人或者事的时候，我们不要把情绪都释放在言语上，向对方也说出令人讨厌的话。这个时候，不妨把自己的心思集中到自己感兴趣的事情上，或者是在工作中寻找寄托。对讨厌的人和事情，转移自己的注意力，切忌言语冲突的发生。

方法三：从讨厌模式切换到学习模式

我们常说爱一个人，就要爱他的全部。如果你不能接受最差的他，也就没有资格得到最好的他。那么，相对应来说，我们讨厌一个人，也就很容易讨厌他的全部。在负面情绪的驱使下，人们很容易在面对讨厌的人时直接将心情切换到讨厌模式。我们常说，三人行必有我师，所以就算是讨厌一个人，也不能盲目的讨厌他的全部。在对方的身上，如果有值得自己学习的地方，不如从对方那里吸收到自己的行为上。我们说可怜之人必有可恨之处，其实在面对讨厌的人时，不妨告诫自己：讨厌之人必有可学之处。如果能从自己讨厌的人身上，发现对方拥有的优点，并且学习到自己的身上，为己所用，让自己变得更为强大，何尝不是对自己讨厌之人的最好回击。

【名嘴寄语——尼采赠言】

尼采曾说："如果我们不能胜任善，那么善就令我们讨厌。"尼采提出了对于我们困惑已久的问题，其实我们不能胜任的事情，就会让我们感到讨厌。之所以有我们讨厌的人存在，就是因为他身上有我们不能胜任的能力。对于新时代的女性，不应该被自己的情绪所困，成为自己情绪的奴隶。即使面对讨厌的人，我们也要说出讨对方欢心的话，让自己成为心态平和、善于完善自我的学习者。

学会施展自己擅长的话题

我们都了解一个常识，盛水的木桶由许多的木板组成，而盛水量也是由组成的木板共同决定的。而限制水桶盛水量的，恰恰是最短木板的长度，这一规律被人们称为“短板效应”。意思是说，人们往往是输在自己的短板之上，所以人们要学会补充自己的不足，均衡自己人生的各个方面。在社交环境中也存在相应的规律，限制自己的往往是自己不擅长之处。在日常生活当中，我们需要从各个方面来汲取知识，尽量做到各个领域都有所涉及，不要自顾自地陷入一个领域，从而“两耳不闻天下事”。如果是在单位时间内无法扭转的劣势，也要学会巧妙地灵活应对。想要赢得言语交际环境中的优势地位，不如避开自己的劣势，学会施展自己最为擅长的话题，以“巧”来补拙。

女性在说话之中，想要施展自己擅长的话题，就要注重对谈话节奏的把控。无论是在事业的争取上，还是在感情的处理中，我们都应该以主动出击为主。人们的生活节奏越来越快，竞争如此激烈，如同逆水行舟，不进则退。大多数被动的行动，就意味着消极和等待，到头来才发现，自己的人生轨迹已经远远被别人落在后面。言语交际也是如此，要懂得在第一时间抓住他人的耳朵，做话题的主动引导者。一般来说，一个好的交往者，都会主动控制讲话节奏，成为主动引导话题的导引者。在说话的时候，首先可以通过对方的兴趣点进行导入，进而提出自己的观点想法，最后以自己擅长的话题进行举例论证。通过话题三部曲，把谈话的主体切入到自己熟悉并且擅长的领域中来。

语言交际其实是一个不断积累的过程，在平时我们不仅要学会眼观六路、耳听八方，同时也要学会积累自己擅长领域的素材。如果你是一名教师，不妨结合自己的职业身份，多积累一些家庭教育方面的话题。如果你在银行工作，那么就多积累一些理财、金融等相关知识，那么你就自然就会成为朋友中的理财专家。在社交场合中，要学会用自己擅长领域的知识，经营自己的圈子，磨炼最为擅长的说话之道。在言语交际中，可尝试将自己打造成某一话题的专家，成为受众人推崇的“意见领袖”，让他人遇到相关问题的时候，第一时间想到自己，成为善于驾驭说话之道的“话题女王”。当然，在施展自己擅长的话题的时候，也要注意和周围环境相配合，选择恰当的切入点，以免引起对方的反感和排斥心理。

张莉莉常被同事和朋友笑称为“知心大姐”。她平时喜欢和大家聊“家常”，每次和别人聊天后，都能给对方留下温馨、贴心的印象。其实，家庭生活在女性的生活中，占据着十分重要的地位。在事业上奔走忙碌的女性，回到家里也能占据厨房的高地，成为家居生活的一把好手。其实，在家居生活上，女性细腻的心思让她们更有天赋。对于每一位女性来说，在说话上天然的优势资源就是“家常话”。不妨就将“家常话”作为施展女性亲和力以及体贴特质的展现点，抓住这一天然的擅长话题，让温馨的谈话内容消减对方的戒备心态。这一天，张莉莉到公司里来上班，发现老板意志消沉，好像是有什么心事。张莉莉心想，老板昨天下午去给孩子开了家长会，今天就情绪低落，没准是在为孩子的教育问题担忧。于是午休的时候，张莉莉来到老板的办公室，友好地问道：“老板，最近一直想找您讨论下孩子升学的事。最近，我们家孩子学习特别不上心，眼看就要中考了，还不知道怎么办呢？您也是家里有孩子，有什么好的建议吗？”老板一听是孩子的事情，苦笑着说道：“哎，我哪有什么好办法，昨天去开了家长会，孩子最近迷上了音乐，耽误了文化课的成绩。她想走艺术道路，我还为这事犯愁呢。您说这时候的孩子，真让人伤脑筋。”张莉莉一听，果然是孩子的教育问题，便与老板聊起了家常："我觉得您孩子有自己的想法和目标还是挺好的。我认识一个特别棒的声乐老师，以前我们家孩子上过几次课，自己嫌太苦就给放弃了。孩子要是有想法，不如让他自己选择人生道路。我们家孩子就不一样，他没什么自己的主见，才让我担心呢。"老板笑笑说道："也不是，您孩子能听进去您的话，也是挺难得的。在这个时期，需要家长的正确引导。"就这样两人你一言我一语，聊得十分开心。

女性如何在社交中施展所长，增进与人的交往？

方法一：先打探后交流

在工作学习中，为了达到良好的表现，我们会依据工作学习内容，提前做好预习和准备。那么，在语言交际中，能否也依据自己的谈话内容，事先做好准备，积累好自己在谈话时可能运用到的素材。在和他人说话交流时候，首先要确定对方对话题的感兴趣程度。如果对方对自己的话题不"感冒"，甚至有排斥和逆反心理，不如适当的转换合适的话题。切忌不顾对方的感受，一味地向对方传递自己的想法。这时候，如果还滔滔不绝地讲述自己的话题，即使是自己擅长的，也不会达到预期的效果。不如在说话之前找好时机，同时在切入自己擅长话题的时候，注意进行引导和铺垫。另外，在和他人分享自己擅长话题的时候，一定要注意与对方的互动与交流，不能自己一旦进入兴奋的状态，就不顾对方的感受。

方法二：分享话题，学会共赢

在信息主导人们价值观的今天，我们不仅要学会收集信息，更要学会分享信息。在进行言语交流的时候，尽量要选择大家有所共识能够进行交流讨论的领域。即使自己是某一方面的专才，也不要专门挑选无人知晓的领域，只是自己在一旁滔滔不绝。所以在和对方交流时候，即使是自己擅长的话题，也尽量以分享的形式与对方共同探讨。要在言语环境中，学会通过信息分享，实现社交共赢。此时你为对方分享了自己所擅长的话题，彼时对方也会为自己分享他所擅长的话题。这样言语的双方，就都会在交谈中，实现正面的交流和学习。在谈论自己擅长的话题的时候，女性要给倾听对象良好的指引，让对方融入到自己擅长的话题中。千万不要一味强势地做自我演讲，而是要学会给对方以正面信息的传递。

方法三：巧用话题，打破冷场

在我们的人生当中，总是面临着很多的选择，选择自己喜欢的行业，还是选择收入较高的行业；选择自己信赖的人一起合作，还是选择有雄厚实力的人一起共商要事。在说话交流的过程中，有时候由于谈话对象彼此之间不太熟悉，或者是话题选择不太得当，就可能产生冷场的局面。这个时候，一定不要坐以待毙，可以用自己熟悉的话题导入，让自己成为冷场中的“救火员”。自己擅长的话题，在掌控程度上可以收放自如，同时也容易得到对方的认可。另外，在场的其他人，也会对你敢于挺身而出来救场，感到十分感激。冷场时，机敏地拿出自己擅长的话题，不仅能解救交际尴尬，同时也能彰显自己精湛的语言才能。

【名嘴寄语——哈代赠言】

“善辩的天赋是一种把智者仅仅思考的思想说出的才能。”在言语交际中，我们要充分利用自己的资源和知识优势，通过导入自己的优势话题，向他人展现自己的言语技能。善辩不仅表现了自己的言语表达能力，同时也是女性个人魅力和思考过程的再现。女性在交际环境中，应该充分利用自身优势，学会施展自己擅长的话题。

滴水不漏好进退

我们都知晓卖油翁的故事，卖油翁的一句“我亦无他，唯手熟尔”简单利落的话，向我们揭示了生活中最为容易掌握的技巧，不过就是熟能生巧、实践出真知。那么，言语上的滴水不漏，就需要我们在生活中不断演练。进入社会的女性更为感性，情感上的波动频率也较高。然而在社交场合中，如果能修炼出“喜怒不形于色”的言语表达，就能在交际场中进退自如。此时，言语的周密性就显得尤为重要。在言语社交环境中，要时刻注意语言表达是否得体。言语社交不是一蹴而就的事情，在不同场合、面对不同的对象，都要仔细地思量才能确保与对方的有效沟通。在说话的时候，女性千万不可因为自己一时的情绪失控，而导致社交进入窘境。

有一些女性，平时性格大大咧咧，在与他人交际中也常给人留下率真的印象。虽然，在与朋友交往中，大家都喜欢个性坦率，没有心机的女性。但是，坦率真诚绝不等于说话不经头脑，口不择言地随意言语。尤其是一些涉及双方利益的话题，在不恰当的时间地点说出，可能就会导致双方都蒙受损失。在社交环境中，一句失言，就可能造成不良的后果，最终致使自己陷于四面楚歌的不良境地。在说话交谈时候，要做到言语上滴水不漏，不留给对方以言语作为攻击自己的机会。想要做到言语滴水不漏，说话之前就一定要缜密思考，不给对方留下“话柄”。说话滴水不漏，意味着在言语中要学会给自己留下空间。女性在说话的时候，切记言语不能表现得过于绝对。

东方人的思维含蓄，而“中庸”在国人的观念中也是影响颇深的。女性在交谈的时候，一定要避免做出过于肯定或者否定的表达。滴水不漏不是模棱两可，而是对我们的言语负责任的态度。尤其是女性，在社交场合中，一定要避免自己过于极端的言语表达。只有掌握了言语中滴水不漏的技巧，才能在社交中进退自如。想要达到自己的言语目的，一味的夸夸其谈是无济于事的。最为重要的是，要摸清对方说话时的心理状态，做到摸清事实、对症下药。言语不一定多，但是一定要精准，才能达到说话人满意的结果。遵从滴水不漏的说话原则，不仅能获得和谐的人际关系，而且可以在工作中如鱼得水。

王希在高中毕业后，就报考了酒店专业的专科学院。近五年的工作经历，使得王希从一名酒店服务员升职到公司的部门经理。这一天，她发现酒店的一位服务员未将客人遗失在房间的手机上报，而是准备悄悄占为己有。下班后，王希找到这个服务员，想让她交出手机。可是，服务员却说道："手机是我捡到的，既不是偷的，更不是抢的。就算是不上交，也不是犯法。"这时候，王希对服务员说："你知道什么是不劳而获吗？"服务员嘟囔着回答说："我不知道。"王希一字一顿地说道："不劳而获，就是没有经过劳动就占有别人的劳动成果。简单说就是无偿占有别人的劳动成果。"服务员很不耐烦地说道："我可不像您，懂得那么多。"这时候，王希缓和了语气说："那你说，拿别人东西是不是不劳而获呢？"服务员说："是的。""那你说，抢别人东西是不是不劳而获？"王希又接着问道。服务员低下头说道："也是吧。"王希又问道："那么，你说偷别人东西是不是不劳而获呢？"服务员回答道："是的。"王希乘胜继续说道："那你说，拾到别人东西据为己有是不是不劳而获呢？"服务员深深低下头，支支吾吾地说道："这，这，当然，也是，也是。"王希顺势继续说道："不论是拿还是抢、偷，还是拾到东西而不归还给他人，和不劳而获在性质上都是一样的。"看着服务员红了脸，王希缓和语气，继续说道："我们不仅有国家法律，还有公民道德，另外还有我们公司的工作准则。拾到顾客遗失的物品就要归还。你刚来公司 不久，又这么年轻，不能因为一时的贪心，就犯了糊涂。如果要是想要手机，我们要通过诚实劳动、努力工作挣钱买，这样才理直气壮。”最终，经过王希的劝告，服务员在第二天主动上交了手机。

王希并没有同服务员直接理论，而是通过“不劳而获”的类比，滴水不漏地切入主题，让服务员心服口服地认识到自己的错误。想要掌握滴水不漏的说话方式，可以从以下几个方面着眼。

方法一：旁敲侧击，避开正面战场

如果是涉及自己职业晋升和事业发展的场合，言语表达要以谨慎为主。稳中求胜是此时言语交际的重要原则，此时要尽量避免正面与对方进行冲突。如果和对方势均力敌，或者对方的力量强于我方，通常会采用保守的攻防原则。在说话中，想要保证滴水不漏，就要尽量采取保守的表达方式。女性要尽量选择旁敲侧击的方式与对方沟通，过于直接的言语方式，很可能会造成祸从口出的窘境。在言语交流中，要注意采用以退为进的方式，让自己进退自如。要避免对方正面冲突，尤其在言语交际中，正面战场的激烈冲突，只会让双方都颜面扫地，最终两败俱伤。尤其在对他人进行劝说或者建议时候，一定要以旁敲侧击的方式来进行，不要直截了当地说出，以免激起对方的不良情绪。

方法二：此路不通，绕路而行

在解决事情的时候，要寻求从多种渠道进行化解。要多通过与他人的协商来解决问题，同时注意聆听对方的见解和意见，不能一意孤行或者是走极端。在解决双方冲突或者不同意见时，不妨采用迂回曲折的方式。想要说服别人，不妨由点到面，一步一步推进，最后再切入实质性问题。为了确保实现滴水不漏的言语表达，可以从多个角度出击。既然此路不通，不如从其他方面入手，寻找破解方案。想要不给对方留下话柄，就不要直接从关键点出发，关键点向来是双方争论的“兵家重地”。最好的方式，就是寻找相关话题，绕路而行。一步一步地绕道，在想要表达的关键点上，经过充分的“绕路”论证，可以使得理由更为充分，从而让对方更容易接受。

方法三：思维缜密，三思而语

在和对方进行沟通的时候，想要做到滴水不漏，让自己进退自如，就要思维缜密，做到三思而后语。说话不一定要滔滔不绝，尤其是女性，言语过多反而会给别人留下不良的印象。女性保持言语上的矜持，能给对方留有一定的距离感，避免对方猜测和揣度自己的内心，从而避免对方掌握过多的信息而暴露自己的心理活动。在和对方进行问答的时候，要思维缜密，不可因为一时兴起而随意言语。要根据语境，判别对方的言语是否含有话外之音，三思而语方能做到滴水不漏、进退自如。

【名嘴寄语——马克·吐温赠言】

马克·吐温曾说：“谨慎纯粹是一种心的质性，它是凭感觉而不是凭理智进行的，它所能达到的限度是相应地更广阔、更崇高的，使它能够觉察和避免根本不存在的任何危险。”言语中滴水不漏，不仅体现了社交中的严谨，同时也是理智的体现。孩童时期的我们，可能冒冒失失、口不择言。然而，一个人的成长就意味着要开始承担起更多的责任和义务。自己的行为如此，言语表达更是如此，不要在可以避免失误的方面漏洞百出，而要尽量给他人以稳妥可信赖的感受。

研修办公室的语言哲学

人是一种社会化的动物，凡是有人类存在的地方，就存在群落和社区。因为各自利益需求的不同，人们也会根据不同的需要和偏好形成各自的交往群体。于是，与之伴随而来的便是人为划分的团体和派系。职场当中更是如此，公司部门之间帮派林立，一不小心就可能陷入派系之争。对于女性来说，在现今的生活环境中，不仅要担负起家庭的重担，同时也要承受工作的压力。想要在工作环境中树立自己的优势地位，除了出色的工作表现外，营造良好的人际交往关系也是十分重要的。在办公室中待人接物的一言一行，都会影响到女性在职场中的形象和地位。精湛的说话之道，能让女性获得和谐的人际关系，为自己的工作提供源源不断的助力。然而，笨拙的言语技能，则会让女性在职场中失去自己的主场优势，从而陷入被动的交际状态。

在人际关系复杂的公司内部，女人要学会巧妙周旋。职场如战场，在进入职场的第一刻起，就要做好应对各种挑战的准备。在办公室中，女性要学会使用“办公室兵法”，熟悉办公室中的交往哲学。其实，办公室中无非存在着几种关系，首先要提起十二分精神的就是上下级关系，一旦与领导建立了良好的关系，在职业生涯发展中就有了保障和依托。其次，就是与同事之间的关系，同事既是自己的竞争对象，但同时更是支持自己的队友。由于上下级之间存在领导与被领导的关系，而同事之间也存在着潜在的合作与竞争关系，因此办公室也就形成了自己独特的一种交际形态。基于女性在工作场中特殊的身份，有时候要充分利用自己的性别优势，巧妙地驾驭办公室的交往艺术。有时候，也要警惕性别所带来的负面影响，避免一时说话误事。

言语表达当中，有两个重要部分一定要加以注意的。一个是说话的时机，即在言语表达当中，有些话要找准时机再说。还有一个是“势”，即要分辨自己所处的形势，再来判断是否言语、对谁言语。办公室作为“交际重地”，存在很多交际中的禁忌，很多话题有自己特殊的表达方式，也有很多话题成为“不能说的秘密”。女性在职场中，要注意封紧自己的嘴巴，不要因为一时的好奇心，触碰了言语的禁忌，造成自己职场地位的被动与尴尬。同时，也要开动脑筋，甄别职场的敌友，不要轻易泄露他人的秘密，以免成为职场中的“替罪羔羊”。此外，女性在言语交际中还要学会稳定和控制自己的情绪，一时的失言就可能触碰办公室中的高压地带，令对方下不了台，同时也会阻碍自己晋升的道路。

王总叫新来的小娜到办公室，想要给她安排近期的工作。“小娜，你来公司也有一周了。公司的情况也有大致的了解，下周三晚上，有一个同行业的见面会，我想让你代表我们公司出席一下。你看有什么问题吗？”小娜吞吞吐吐地回答说：“王总，我觉得我刚过来，公司的情况的我还不熟悉。您看能不能安排别人和我一起过去呢？”王总皱了一下眉头，说道：“好吧，一会儿重新安排一下。另外，我希望你周末回去了解一下我们公司与分公司的项目，下周把整个新进项目的文案企划书整理一份。”小娜连忙说道：“我觉得你这个工作量太大了，我自己根本完成不了。”王总脸色一阴，说道：“小娜，你来公司究竟能做什么呢？你倒是说说看吧。”小娜十分慌张，说道：“王总，我……我没有经验，实在不好意思。下次，再给我一个机会，我会好好表现的。我，我这就去熟悉公司业务……”说完跑出了办公室。王总看着小娜的背景，拿起电话：“老刘啊，新来的小娜，我观察了几天，觉得处理事情的能力比较弱，你再核实一下。如果她不能胜任自己的工作岗位，就不适合留在公司继续发展了。”下班以后，小娜觉得自己很委屈，便找到闺密小溪来倾诉。听了事情的来龙去脉以后，小溪说道：“小娜，你知道吗？在办公室工作和在学校的生存方式，完全是不一样的。领导让你负责一件事情的时候，不仅是代表让你做事情，同时也代表他把事情交给你处理很放心。尤其是对于一个职场的新人来说，处理事情更像是一种考验。你连思考都没思考，就连忙回绝领导，就证明你根本没有想办法解决事情，会给领导留下敷衍、做事情不努力的印象。即使事情你真的完成不了，也应该换个语气来回答，不要马上一口回绝，更不要寻求他人的帮助。在回答的时候，不妨稍微停顿一下，表示你正在积极的思考。即使是不能完成，也不能直言来推脱责任，要提出你自己的解决方案，而不是盲目地自我检讨。你要先接受工作，然后给出自己不能独立完成的原因以及自己寻求解决的途径。”小娜听了小溪的建议以后，点了点头道：“看来，在办公室工作还真得遵循办公室的哲学。”

对于身处办公室的女性而言，如何把握“办公室言语哲学”呢？

方法一：君子不夺人之美

在工作环境中，办公室里的同事，总是有自己的关系网和活跃圈子，这是办公室中重要的雷区地带。尤其是在女性之间，这一点要尤为注意。君子不夺人之美，意思就是不要争夺对方固有的关系网络以及工作业务。在办公室中，通常有先入为主的观念，如果自己是新员工就更要注意，与对方的关系网络保持一定的距离。很多新人，往往不是因为工作原因不受提拔，而是因为无法处理好人际关系网，从而造成工作业绩一直停滞。进入工作岗位中，新人要留心观察人们处理事情采用的方法和原则。在工作场所中，通常都会有一些所谓论资排辈的规矩。因此，在说话做事的时候，要注意不要夺人之美，言语的话题设置都要在与对方无冲突的范围内进行。

方法二：洁身自好，不拉帮结派

加入新的团队当中，首先要分辨好这个团队本身的人员构成。分辨人员的构成，不仅是指加强与大家之间的联系，同时也要分辨人们彼此之间的关系。在办公室中，免不了权力和利益的争夺。对于新人来说，一旦卷入到办公室的人事关系纷争中，就很容易成为派系斗争的牺牲品。作为女性来说，在言语表达的时候，要注意洁身自好，不要因为自己的一时意气而加入办公室的人际阵营中。在复杂的人际交往中，很多人在办公室组成了“阵营”，鼓动起了“小团伙”。其实，在事业的发展中，有志同道合的伙伴固然重要，但是如果为了自身利益而结成帮派，则会导致负面的结果。

方法三：好饭不怕晚

无论是生活还是事业，都是一场循序渐进的马拉松，而不是一场百米争夺战。所以，无论是社交还是事业，都要求得稳定的发展。女性在社交环境中，尤其是在办公室内，一定要注意自己的言语。在没有分清“敌我”双方情况的时候，不妨“隔岸观火”，待分清办公室中的“忠奸”之后，再进行言语表达。俗话说好饭不怕晚，在言语交际中也是如此，可以说是好话不怕迟。女性在进入职场之后，不要急着显示自己的言语才华，不妨等分清状况之后，再谨慎提出自己的观点，以防祸从口出。

【名嘴寄语——黑格尔赠言】

黑格尔在表达自己的哲学观点时，曾经说过：“凡是存在的就是合理的，凡是合理的就是现实的。”办公室的生存哲学也是如此，要么适应它，要么改变它。女性在办公室工作交际中，言语表达一定要恰如其分，不要做办公室里唱独调的“少数民族”。在说话交谈的时候，一定要学会适应办公室哲学，让自己成为妙语连珠的办公室交际女王。

私密话要区别对待

私密话是女人生活当中重要的组成部分，离了私密话就像是美味的一桌菜肴少了主餐一样，让女人觉得扫兴。女人之间的谈话，也被我们常常戏称为“八卦”。几个姑娘们聚在一起，搜罗出身边朋友的八卦，大侃特侃上一个下午，顿时明确了敌我身份，稳固闺密阵营。女人在生活闲暇中的八卦趣谈，可以说是她们生活中的一种调味品。对于生活的喜怒哀乐，都转化成了酸甜苦辣咸的生活境态，随着与闺密的私密交谈将心事宣泄得淋漓尽致。

私密话本来无可非议，人与人之间信息的互动，情感的交流大多时候都要通过私密话来传递。可是，女人一定要注意，生活中的私密话要学会区别对待。切忌口无遮拦，将不可分享的私密话公之于众，造成双方之间的尴尬甚至是冲突。私密话要区别对待，首要的是要区分好场合。这就和女人穿衣打扮一样，不同的场合要搭配不同的服装。而对于私密话语，也要注意交谈的内容是否与所处场合相适应。一旦发生了私密话语与场合不相适宜的情况，就像是派对中自己着了商务装、公务场合自己着了休闲装一样，让人感到浑身不自在。

在生活中，我们常说做事不在于做了什么，而是在于和谁一起做。其实，对待私密话语更是如此。不仅要注重说了些什么，同样也要想清楚自己和谁说。私密话语的接受和倾诉对象，都要注意有所区分。人是社会化的动物，在生活中，自己的意见和想法难免会受到他人意识的左右。所以，在收听类似私密话的时候，要结合自己的经验和思考进行真伪的辨别。另外，尽量不要成为他人私密话的传播者，一来自己并不清楚客观情况，二来自己并不清楚其中涉及的人物关系。为了避免不必要的信息误传，尽量不要参与到唇舌之战中来，以免惹火烧身，危及自身安危。

苏丽和张瑶是同期进公司的两位同事，两个人被分到了一个部门。平时培训在一起，吃饭在一起，熟悉了之后就成了好朋友。周末一起相约去逛街，平时也经常到各自的家中串门。两个新人在职业生涯的起始阶段，相互扶持并且互相倾诉衷肠。“你当初怎么选择来这家公司工作了呢？”苏丽笑着问张瑶。“当时来这个公司，也是挺偶然的。之前上学的时候，和导师一起做一个项目，结果项目负责人就是这家公司的一位领导。当时，他想找几个有相关经验的学生。正好当时我跟导师一起做那个项目，导师就把我推荐过来了。”张瑶缓缓地对苏丽讲着自己的经历。“那还好，也算是熟人之托。我就不行了，我是自己找过来的。一路也是磕磕绊绊地面试了几轮，第一次被刷掉了，后来第二次我又重新投递了这个岗位。也算是费了九牛二虎之力，才得到这个职位。”苏丽向张瑶讲诉着自己坎坷的求职经历。“不知道我们什么时候才能从新人变成‘老油条’。哈哈！”张瑶不禁有些得意忘形地幻想着未来的生活。“还嫌自己太年轻？别着急，咱们很快就老了。”两个闺密牵着手，笑成一团。转眼间，这一年的春天已经消失在时光里。两个新人已经经历了最初的欣喜阶段，工作成为生活中最为平凡的重要组成部分。因为对于专业掌握得当，张瑶获得了第一次参与提案的机会。苏丽也是倾其所有的技能，来帮助张瑶。虽然两个人在不同的组，但苏丽还是真诚地希望能帮上张瑶的忙。为了给张瑶打气，苏丽在张瑶出发前，特意发了一条微博鼓励张瑶。张瑶兴高采烈地踏上了征程，没想到来到公司却被告知自己的组被剥夺了提案的资格。忙了几个通宵的张瑶，听到这个消息后，马上流下了眼泪。等到客户的反馈后，结果却让张瑶吓了一跳。“张瑶，就是因为苏丽发起的微博，提前泄露了提案客户的信息，我们才失去了提案的资格。张瑶，你知不知道问题的严重性。这么重要的客户信息，怎么能拿出去随便和别人分享呢？我看你可以收拾东西，直接离开公司了。”张瑶一脸委屈地收拾东西，当天中午就离开了公司。苏丽因为张瑶的原因，也主动提出了辞职。本来可以避免的一场风波，就以这样的方式收尾。其实，两个人出现的问题就在于对待私密话题，没有掌握好一个“度”字。两个人谈心的私密话语，完全可以根据彼此关系的亲近远疏来进行分享。可是对于工作上，涉及公司利益的私密信息，放错了场合就会带来十分严重的后果。

如何处理私密话语？女性朋友们不妨参考一下如下方法。

方法一：私密话不能放在话匣子里

在言语表达中要区别对待私密话语，将其与公共话语体系区分开来。公共话语具有一定的公开性，而私密话语则需要一定的空间距离。女人要学会留存私密话语，就像收藏自己的珠宝一样，把它们放在心中珍贵的角落。私密话语其实是人们隐私权的一个重要组成部分。因此，无论是对于自身还是对于他人来说，私密话语在日常交际当中，不能像其他语言一样，暴露在公共场合当中。要注意私密话语本身的自然属性，将其好好地保留在安全位置。

方法二：私密话不能乱说

在高速发展的信息时代，有很多人信息本身就是一种财富。也有人说谁掌握了主流信息，谁就占领了时代的高地。那么，此时私密话就具有了更多的属性，不仅能满足他人的猎奇心理，同时也具有了很强的利益性。我们都知道东西不能乱吃，当然话也不能乱说。个人和集体的私密话，也许在利益相对方，就成为了他们能够利用的焦点信息。私密话切记不能乱说，无事生非不仅讨人厌恶，更有可能会惹火烧身，导致自己尴尬甚至处于危险处境。为了换取信息情报而捕风捉影，更是会让自己难以立足于世。

方法三：私密话也要忌“生冷”

任何游戏都有它的游戏规则，生活中也有各种不同的原则。聊起私密话语的时候，大家也要谨忌“生冷”的法则。“生”是陌生人，对于自己不熟悉其生活背景和工作背景的人，不要轻易与其推心置腹。有可能在你不知不觉当中，就把自己的私密话语给他人透露出去，成为他人交际场上待宰的羔羊。“冷”是要注意那些态度冷漠、对他人漠不关心的人。这样的人通常只关心与自己利益相关的事情，所以自己的私密话可能被他们所利用。

【名嘴寄语——阿拉伯赠言】

“保守秘密时，秘密是忠仆；泄露秘密时,秘密是祸主。”阿拉伯的一句智慧箴言，说出了私密话的不同属性。在社交场合当中，一定要注意将私密话语区分对待。对于自己的私密语，女人要学会为自己保守秘密。就像所有的魔术一样，如果将它们的原理公诸于众，就会让人觉得索然无味。女人要学会让自己保持一丝的神秘感，不做社交领域中的透明人。对于他人的私密语，更是要谨慎对待，学会让秘密做自己的忠仆。

第四章

字字珠玑，做个独具生活智慧的女人

我们常说“玉不琢，不成器”，意思是人们想要获得成功，就要不断地磨砺自己。说话也是一样，言语的表达需要在实践中反复地探索、训练。说话作为一门艺术，想要话能成事，就要精心打磨自己的言语。放松的心态、缜密的思考、自信的涵养，都是促成良好言语表达不可缺少的因素。人怕做错事，更怕说错话，精心打磨自己的言语，让言语为自己的未来铺平道路。

做一个独具生活智慧的女人，言语上自然是不能放松。无论是面对工作中的下属，还是面对生活中的闺密，都要用适宜的言语表达方式，掌握好隐私与亲密之间的距离。另外，要注意表达的美感，一定要远离那些似是而非的口头禅。面对他人的优点和成功，女人不妨以宽广的心胸来对待，一句赞美之词，不仅会让对方如沐春风，也会让自己更趋于完美。

心理功课，批评的学问尤其大

言语是一把双刃剑，在交际中具有双重作用。好的言语字字珠玑，能够建立与他人沟通的桥梁，加深彼此之间的关系，形成双方的默契。然而不当的言语表达，不仅会让对方产生了不良印象，造成彼此之间的误解，而且会给自己的社交环境造成很多阻碍。女人在修炼社交之道的时候，不得不对自己的言语进行精准的设计。尤其是与他人产生不同意见的时候，要仔细斟酌如何说出自己反对的声音。比他人占先的时候，也不要得理不饶人，要注意根据对方的心理，选择批评的方式。在言语艺术中，赞美他人是一种学问，而批评他人更是一种大学问。批评对方、提出自己的建议，原本是为了能够让对方在短时间内提升自己的能力。可是有时候好心不一定会办好事，其中批评的学问尤其重大。

女人要学会在社会交际中巧用智慧，才能言语字字珠玑。尤其是作为上司和领导，在和下属沟通的时候，要学会拿捏批评的分寸。领导所承担的责任和义务，不是寻得完美的人，组成最佳的战队，而是通过自己的协调和管理能力，让员工各司其职，在各自的岗位上发挥最大的能量。人非圣贤，孰能无过，每个人都有自己的阿喀琉斯之踵。每个人的缺点和错误，很有可能都隐含着对方成长中留下的伤痕。尤其是由于客观条件造成的，是自己心中永远无法痊愈的伤口。面对他人的缺点和错误，要善意地提出，给对方提供一个改过自新的机会。在选择表达方式上，要注意给他人留有尊严，直接批评的方式会让他人产生厌恶和逆反的情绪。

女人在与他人沟通中要学会做“长线”，学会循序渐进地与他人沟通。面对他人的错误，女人要以宽广的胸怀包容他人，不要忙着批评和指正，不妨先找找对方缺点形成的原因，是关乎成长经历，还是由于个人生活习惯，只有先找到根源才能更好地对症下药。找到原因后，就要选择恰当的言语表达方式。尤其是在公共场合，不能一针见血地说出对方的缺点，让对方名誉扫地。不如找出时机单独沟通，另外在沟通中也要注意，要给对方铺设台阶。在言语表达的时候，要避免直面出击，给他人造成丢面子的感觉。不妨先忽略对方主观造成的错误，先点明客观环境造成的不可避免的失误，为对方找个台阶，让对方感受到自己的关心和理解。此时，对方也会自然且无负担地承认自己的错误。

肖丽是百货公司的售货员，每天都会面对形形色色的顾客，其间不免会有一些冲突发生，而肖丽凭借着自己良好的沟通技能都能恰当地解决。这一天，一位顾客来到肖丽面前，要求更换上周购买的外套。其实，顾客在付款购买后已经穿了，只是因为自己的丈夫不喜欢，因此前来要求退货。肖丽检查了外套，发现有明显干洗过的痕迹。看着肖丽略微迟疑的眼神，顾客辩解说道："我还没有穿过，要求退掉。"这时候肖丽想，如果直接戳穿对方的谎言，批评顾客这种不诚实的做法，一定会让顾客丢面子，同时也会让其产生厌恶的情绪。在这个时候，要学会给对方留面子，给对方一个台阶下，若是直截了当说明自己已经看出衣服有了干洗的痕迹，顾客是绝对不会轻易承认的。因为顾客已经说过，自己没有进行过清洗，而且还有精心伪装的痕迹，若是直接说明，双方势必发生冲突。于是，肖丽十分机敏地向顾客说道："您好，顾客。按照我们七日可退换的服务标准，为您退货本来是没有问题的。但是，我很想问您一下，您的家庭成员是不是帮您把衣服送到干洗店过。因为，我之前也发生过和您同样的经历。有一件我刚买的衣服和其他衣服一起放在沙发上，后来我丈夫以为那些衣服都是一并要送到干洗店清洗的，其实那件衣服我是打算拿到商场去退换的，我想您是不是也遇到了和我类似的情况，因为您的衣服上也有明显清洗过的痕迹。您要是不信我的话，我可以给您拿其他衣服作一下对比。您看，衣服下水之后就会有水印子，我们就无法履行服务了。”顾客听后，也不好再继续辩解了，毕竟自己是没有道理可言的。面对顾客蓄意撒谎的行为，肖丽成功地绕过了直接批评的方式，为顾客的错误巧妙地想好了借口，不仅保住了顾客的面子，也给了对方一个台阶下，可以说得体的言语表达说到了顾客的心里。

生活交际中，女性应该如何把握对方心理巧说话呢？

方法一：推己及人巧换位

心理学中，常说的黄金法则就是换位思考。在面对他人错误的时候，首先要在第一时间进行换位思考。即对方是谁，他的生活、环境，个人背景怎么样，对方为什么会犯下这样的错误，如果是自己犯下错误之后心里会作何反应。在面对他人的问题时，首先要对自己问这样一连串的问题，而不是先急于借机对他人严厉批评。要从事实出发，从中寻找对方犯错的原因。站在自己的角度为他人辩解，就更能了解对方的需求，同时也给对方找一个台阶下。想要批评他人的时候，绝对要做好对方的心理分析。只有通过推己及人的方式，才能找出对方错误的根源，摸透对方的心理，也才能让批评切中要害。

方法二：斟酌言语，对事不对人

也许在工作和生活之中，有一些人是你所不喜欢的，甚至是厌恶的。当他们身上出现错误行为的时候，你不仅没有感到惋惜，甚至会感到莫名的欣喜。你深知这种行为不对，可是自己却全然没有办法突破心理的暗示。其实无论是在工作还是生活中，一旦出现了这样的情境，一定要提出与对方不同的意见看法，提示他的失误。最忌讳的是不能将人和事分开，最终造成对他人的人身攻击。在表达反对意见或者对他人进行言语批评的时候，要注意对事不对人的原则。批评对方的时候，要注意把重点放在事情本身。不能为了说明自己的观点，而牵扯对方的个人背景，甚至恶意嘲讽他人，形成人身攻击，以致给对方带来不必要的伤害，同时，也会降低自己的身份和形象。

方法三：迂回侧击，避免直接冲突

一个人在犯错误之后，都会处于心理的低潮期中。面对自己的失职或者疏忽，每个人的心里都会有一种懊悔。有时候，他们的内心已经在做自我反省，同时也感到自己的行为可能影响到大家而深深感到内疚。因此在批评对方的时候，一定要注意不能以颐指气使的姿态面对他人，要考虑到对方的自尊心。在批评他人的时候，要把体谅对方的情绪放在第一位，因为没有良好的沟通方式，对方不仅不会改正，还有可能导致更为不良的后果。要放低姿态，即使是必要的批评，也要适当站在听话者的角度来言语。避免直截了当说明对方的失误，可以采用迂回侧击的方式。先试探对方的态度，然后再斟酌自己的言语，是否会给对方带来伤害，避免由于争论不和而造成的直接冲突。

【名嘴寄语——郭沫若赠言】

“批评当有与人为善的精神，不可求全责备。”女人在批评他人的时候，一定要清楚批评的目的，是帮助他人了解自己的缺失，从而努力改正，使他人成为更为完美的自己。批评中最重要的原则，就是对事不对人。批评的情感基础是善意，表现形式是委婉，千万不可把批评作为击垮他人的言语工具。

有些话只说给想听的人听

有些女人生性善良，在社会生活中没有过多的经验，同样也不懂得区分好人与坏人。她们也许从小衣食无忧，也不懂得现实中的差异和人们生存的艰辛。于是，她们很容易把身边的人都当作朋友，可是很多时候一不小心交友不慎，便落入了坏人的圈套当中。因此女人在社会交往中，要注意因人而异，有些话只能说给想听的人。即使是一些事实，也要注意对方的身份和周围的环境。哪怕同一件事情，也要结合对方的身份表达出来。身边由不同人构成了不同的交际部落，大家之间的关系有时候既相互联系，又存在很多差异。女人在与人交谈的时候，要把握分寸，慎重选择话题和说话对象，不要任由自己的心情而进行情绪化的选择，要尽量以对方的兴趣点和关注度作为自己与对方言语交谈的主要内容。

我们常说，君子有所为，有所不为。这句话对于社交场合中的女性来说也是同样适用的。聪明的女人应该做到在与他人交谈时，有所言同时有所不言。有些女人天生的热心肠，对于他人总是主动给予帮助。面对他人的问题，就像自己的问题一样关心、注意。但是，在言语交际中，这样的性格却容易弄巧成拙。有些女人喜欢把自己的所见所闻都一五一十地告诉自己朋友，甚至说一些没有根据的话，给他人带来了恶性后果。而此时，这些女人自己还往往很委屈，心想我只是为了她（他）好，难道有什么错吗？人与人之间的交往，无论何时都要注意保留交往中的距离。人与人之间心理的距离可以无限的拉近，但是生活中应有的距离还是要保持。能够维持长久感情的妙计，正是这种距离之美。

我们在相关媒体的报道中，很容易发现一个很有意思的现象。对于不同事件，不同媒体的角度有所不同，给我们所呈现的事件也就迥然相异。换到实际生活中的人际交往也是如此，我们不能关注到生活的方方面面，也就不能对所有事情都掌握发言权。无论是在亲人朋友或者同事面前，在说话之前，女人自己都应该先衡量一下，自己的言语是否会给他人带来伤害，即使自己确信是已经发生的真相。我们常说“不识庐山真面目，只缘身在此山中”，有时候我们处于特定的环境之中，对于信息并没有全面的了解。很可能想要传递给对方的话，也只是捕风捉影，甚至是源于流言飞语。这时候不管是自己所谓的真相，还是沸沸扬扬的传言，要记住自己只是一个旁观者，并不是其他人关系中的福尔摩斯，在搞不清状况的时候，要记得闭紧嘴巴。

张鑫和王燕是多年的好友，两个人的个性虽然迥然相异，但是互助互补，也相处得十分愉快。张鑫性格开朗，做事情不计较，心里面装不住事情，喜怒哀乐都表现在脸上。而王燕性格比较内敛，心思很重，情绪比较敏感。两个人的共同爱好就是唱歌，每逢节假日，两个人就相约出来K歌，一起释放紧张的生活压力。一次，张鑫在和王燕见面的时候，半开玩笑地对王燕说道：“前几天，我和同事吃饭。刚好碰到你老公了，他正好和一个漂亮的女客户吃饭呢，被我逮个正着。你可要小心啦！”王燕一听，立刻紧张地问道：“什么女人？谁告诉你的？”张鑫笑着说道：“不是，就是我自己看到的。”王燕立刻很严肃地说道：“我老公在外面做生意，和客户打交道也是很平常的事情。在一起吃饭，可能是谈业务上的事情，也无可非议。”张鑫信口说道：“我看两个人嘻嘻哈哈的，表情那么开心，可不像吃饭那么简单。”王燕急了，质问张鑫说道：“你到底什么意思啊？”张鑫这时候也感觉十分委屈地说道：“我就是开个玩笑，给你提个醒，都是为你好。怎么啦？”结果两个人大吵一架，最终不欢而散。回到家的王燕翻来覆去地想着张鑫的话，见到丈夫碍于面子又不好意思说出实情，憋闷在心里，整日心不在焉，丈夫觉得王燕又开始无端地疑神疑鬼。于是，王燕和丈夫的关系变得越来越僵。而张鑫也实属无意，本来一句玩笑话，不仅给自己惹上了麻烦，也给王燕带来了伤害。

张鑫的性格豪爽，对朋友也是热心肠一个，但是这个时候却没能管好自己的嘴巴。性格豪放本是好事，喜欢开玩笑也没什么，但是在讲话的时候嘴巴却不能太豪爽。有些话可以说，有些话却要说给想听的人，尤其是这种极易引发误解的敏感话题，一定要斟酌再三再出口。生活中有很多的欢声笑语，可是有些善意的玩笑却很容易不小心转化成误会。而这恶性转化的导火线，有时候就是言语表达方式的失误，或者是表达和倾诉对象没有选择清楚。为了有效避免不必要的误会发生，就应该从以下几个方面入手。

方法一：注意言语的双刃剑效应

在高速发展的信息社会中，很多人对于信息的透明化要求很高。在如今，可以说谁掌握了信息，谁就掌握了事情发展的动向。但是在人际交往中，是要以产生的后果作为评价的标准。所以不能将自己所了解的人际信息完全暴露给对方，因为自己并非当事人，并不确定会给对方带来怎样的后果。在开口说话之前，一定要三思，注意言语在交际中带来的双刃剑效应。事情有有利的一面，同样也有有害的一面。高手行事就是善于把弊转化为利，缩小和降低不良因素对事态发展的影响。而言语中也要充分注意其双刃剑的两面性，尖锐的言语一方面是会促进事态的高速发展，另一方面也可能导致开罪他人。

方法二：学会“表里不一”

很多人生性耿直，做事也喜欢黑白分明。其实，在交际环境中，除了黑白两色之外，还存在很多的中间地带。并非所有的事情，都包含了明确的是与非、对与错。在言语交际中更是如此，交际的基本原则是和谐共生。在言语交际中的个体，都把将事情和谐无冲突地解决作为基本出发点。巧妙的言语交际，就是通过适宜的表现方式，将双方的冲突降到最低，而不是一味地追求信息对等，以致造成双方关系的分崩离析。表里不一并不是让大家以虚伪的面目来对待他人，而是将言语表达方式做一个调整。尤其是对待不同性格的人，不能以统一不变的方式来对待。有些心底的私房话，只能说给想听的人，只有她们才能知晓你自己言语的个中滋味。

方法三：有所言，有所不言

在言语交际中，要做到有所言、有所不言。在交友的时候，我们要注意有些人值得交往，而有些人可能是损友，要慎交。在言语交际的时候，我们同样要选择将自己想表达的言语，说给那些乐于倾听的人。有些话只能说给想听的人，这其中包含两个含义。一个是对说话人所说的内容十分感兴趣，特别是与说话人有共同爱好的人。另一个是属于情感范畴，即所谈内容是对听话人没有“副作用”的言语表达。如果说出的话语，可能让对方情绪波动，产生失落、悲观、气愤、猜忌等情绪，聪明的女人就会适时换个话题，做到有所言、有所不言。

【名嘴寄语——张爱玲赠言】

“最大的幸福，是发现自己爱的人正好也爱着自己。”人与人之间心灵的默契，是最难以满足的事情。人生最大的幸福，也许就是张爱玲所说的心有灵犀的相爱。人生若得一知心知己的朋友，与自己同甘共苦，就是生命中的一大幸事。言语交际中也是如此，有很多时候自己一开口，对方就知道自己想要吐露的感情。在言语交际中，这种难能可贵的默契是十分珍贵的。有些心底里的私房话，不能逢人就讲，要讲给想听的人听，要讲给能懂自己的人听。

摒弃口头上的锱铢必较

锱铢必较本来是形容一个人在行为上斤斤计较，过于关注细节上的得失。关注细节本来是一个人成功的必要因素，但是过于纠结于生活中的细节，就容易因小失大。想要在生活和事业上获得更大的空间，首先要让自己的心灵获得更为宽广的空间。女人在做事时十分认真，工作中孜孜不倦、谨小慎微，严谨的工作作风经常受到他人的一致好评。然而，这样的做事风格，如果是放在言语交际环境中，却未必完全适用。言语交际不是辩论场，说话的时候不能太较真，同时也不要抓住他人言语的错误不放。口头上的锱铢必较，会给他人留下刻薄的印象。在社交环境中，女人的宽容和温和，会给对方带来想进一步接触的良好印象。如果不能改正口头上的锱铢必较，就会让人敬而远之。

还有些女人生性好强、事事争先，凡事都要赢在他人前面。但是，在言语交际上大可不必如此。在言语交际中，轻松愉快的聊天氛围最易于双方的感情沟通，所以千万不要制造双方剑拔弩张的对峙情境。锱铢必较的情绪和思考习惯，会让与之接触的朋友，都陷入一种紧张的情绪当中。与他人聊天的时候，不要时刻想着推翻对方的观点，以此来彰显自己的睿智。大家可以各抒己见，在你一言我一语当中形成和谐快乐的氛围，让大家都能在言语中得到放松。如果一味地争强好胜，不放过他人言语中的任何一个错误，甚至对语音的错误也斤斤计较，就会让大家都噤若寒蝉，不敢表达自己的想法。而对于自己来说，即使在交际辩论中大获全胜，最终也可能会吓跑朋友，落得一个孤家寡人的结果。

在生活中，引发言语争论的焦点无刻不在。可能是对于一个电影的看法，可能是对于衣服搭配的评价，又或者是自己对别人的褒贬等。如果一个女人在生活中，总是不能容忍不同的观点，经常在口头上锱铢必较，那么，很多的生活细节都会成为困扰自己交际的陷阱。说话太较真，处处很挑剔，都会给女人塑造一个不良的形象，也会让家人和朋友与自己接触时感到十分辛苦。斤斤计较的女人，生活中总是充满了无止境的计算。计算朋友之间的亲疏远近，计算生意场上的价值高低，计算爱人与自己之间是真情还是假意，生活永远被无止境的计算所包围。就算是生活所有的细节，都可以换算成数字来计算，那么精准的计算背后，也就只剩下一些空虚的零而已。

李默和张静是同乡，在北漂的日子里两个人相扶相持，最终幸福地走进了婚姻的殿堂。张静为人踏实，做事情一丝不苟，对待工作和生活皆是如此。在恋爱过程中，李默就发现张静算是周围人中比较较真的一个，自己字词发音的错误，短信中的错别字，对于时事评论是否得当等，生活中的细枝末节，只要发现了错误，张静从不放过。李默有的时候对此感到很无奈，不过人无完人，他认为自己的爱人在其他方面还是让自己感到很满意的。漫长的爱情长跑之后，就是两人的婚姻生活。张静有很好的生活习惯，朝九晚五的作息时间，家里的事情都安排的井井有条。最近正值足球联赛，李默的作息时间就开始和着联赛的节奏，越来越来晚。有时候，看过球赛时值深夜，李默不愿洗澡便倒在床上。“你怎么这么晚才睡？是不是没有洗澡？和你说过多少次了，洗完澡再安心看球赛不好吗？做事情怎么都没有个先后顺序，我觉得你自制力太差了。这么点小事都不能克制，将来其他的事情你怎么做好？”不仅仅是在生活习惯上，对于李默的言语张静也经常“锱铢必较”。一次朋友来探望他们，夸两个人的房子布置得有格调。这时候，张静连忙接话说道：“哎，这都是我一个人的功劳。装修那会，李默正忙着公司的事情，一点儿都帮不上忙。我一边工作，一边还要料理家里的事情，忙得晕头转向的。”李默一时间不知道如何回答，只能在一旁苦笑 。朋友赶紧在一旁打圆场，说道：“都是一家人，男主外、女主内，分工不同而已，哪来的你我之分？”朋友走后，李默觉得自己很没有面子，一脸无奈地说道：“张静，你有点太过了。你能不能不那么较真，说话老是锱铢必较的。跟你说话，我总是感觉战战兢兢的，生怕犯了什么错误，又让你纠正了。有时候，一回家我就特别紧张，这样的生活真是让我感觉特别的累。”张静一听，眼泪马上流了下来，说道：“我做这些都是为了你好，你难道就不明白吗？”

由此看来，女人在与人交往中不可锱铢必较。要避免斤斤计较，具体方法如下。

方法一：不做言语完美主义者

很多女人在生活中无论是对自己还是对他人，要求都是十分严格的，这源于女人内心的完美主义倾向。她们对于生活中的错误和缺失，都是无法容忍的。有时候，过度地追求完美，就变成了强迫症。在言语交际中也是如此，过度地追求言语没有瑕疵，就和要求人完美一样的困难。在言语交际中，还是应当以感情交流以及促进人际间的友好关系为根本出发点。言语完美主义者在生活中十分常见，尤其是在情侣之间的交流中。恋爱中的女人，内心尤其敏感，在倾听男人对自己的言语时，女人经常容易陷入怀疑当中。于是孜孜不倦地刨根问底，就成了两人关系危机的前奏。

方法二：不把交际当战场

有些女人十分好胜，无论交往对象是谁，一定要争出个胜负。言语交际往往是情感表达，争得了语言大战的胜利，却丢失了自己身边的朋友，实在是得不偿失。这种求胜急切的心理放在交际场合中，就会让双方的交流沟通充满火药味。不要让自己陷入锱铢必较当中，言语交际不是战场，不要以击倒对方作为目的。世间万般的美好不去理会，而是将自己的青春和情感挥霍在无尽的言语战争中，岂不让自己感觉到不值得和些许的遗憾？如果说言语交际真的是一个战场，那么也并不是以攻击对方作为取胜的标准，恰恰相反，如果能够通过言语交际获得对方的好感，赢得对方的信任，才是真正的大获全胜。

方法三：一加一不会永远等于二

在生活中，有些女人信奉一是一、二是二的生活哲学。她们对待工作一丝不苟，对待家人也是严格苛求，认为丝毫的懈怠都是对于生活不负责任的体现。其实，生活是一门高深的艺术。它不能量化，也没有固定不变的规则。并不是所有的生活，都像一加一等于二那样清楚明了。在言语交际中也是如此，所以女人要学会变通。一是一、二是二的哲学，在言语表达中确实显得生硬而老套，让人提不起聆听的兴致。如果自己锱铢必较地对待他人，也会遭到他人的严厉苛求。锱铢必较的说话与思考，只能让生活附着更多的禁锢。试想，人们若带着脚镣，又怎能轻舞飞扬？

【名嘴寄语——周国平赠言】

“大智者必谦和，大善者必宽容。唯有小智者才咄咄逼人，小善者才会斤斤计较。”我们常说大爱无疆，大道无垠。而交际中的大智慧也恰恰如此，所以女人要学会宽容与谦和。只有心胸狭隘的人，才会对他人的错误“念念不忘”，才会对他人的言语百般挑剔。言语交际中，女人应该抱着一颗包容而豁达的心，摒弃口头上的锱铢必较。

适时适当睿智隐忍

如今宫廷剧的热播，让人们见识了后宫的争斗，也熟知了美女之间的攻心之计。似乎天生敏感，喜欢猜忌和玩弄权术，就是女人身上所拥有的特质。俗话说，三个女人一台戏，有女人存在的地方，确实就有故事发生。美丽动人的外表能够给女人的形象加分，然而女人睿智优雅的言谈举止更能让人印象深刻。作为女人，不仅要留心自己的服饰搭配，保持外在的美丽，同时，也要研修内在涵养，言语得当周到，才会在社交中让人折服。言语表达的艺术，不在于咄咄逼人的尖锐。女人适时适当的忍让，既能让自己拥有更为广阔的发展空间，同时也会让生活变得更美好。

美丽的外表会随着时间的推移而减退，然而睿智的言谈却会随着时间而日益沉淀。有人常说，年轻女人拼脸蛋，成熟女人拼道行。在生活中，女人说话的智慧，也会随着内心智慧的丰满而愈加的深厚。岁月中，女人的容颜也许会被时光侵蚀，而智慧的光芒却会随时光而增加。成熟的女人比年轻的女孩多的是一份沉静、一份优雅和一份不卑不亢。女人在生活中会遇到一些不顺，会遇到一些烦忧，这时候与其选择大肆宣扬，不如静静地坐下来，选择合适的倾诉对象，让睿智的言语为自己扳回一局。我们常说，枪打出头鸟。在人际交际中，女人选择隐忍，不是懦弱的体现，而是一种恰当的自我保护。

生活需要经营，睿智的女人懂得经营生活的哲学，让自己无论在哪个时期都能触摸到幸福。提起隐忍，很多女人都会嗤之以鼻，其实不然，这种以退为进的社交方式，恰恰能让女人获得前进的无穷动力。美人要善于攻心，在与他人的言语冲突时，适时的隐忍，可以让矛盾的副作用降到最小。面对生活中出现的不顺心、不如意，一味地想要放弃，不管是对于自己，还是对于对方，都是一种不负责任的表现。适时适当的隐忍，是一种让矛盾自我调节的最佳策略。内心隐忍的女人是坚韧的，胸怀是宽广的，同时也有卧薪尝胆的气魄和情怀。

欣然样貌平平，属于在大学中最容易被埋没的那种女孩。成绩并不顶尖，样貌也并不出众，性格也十分温和，好像整个人很容易让人忽略。然而，她却嫁了个器宇轩昂、事业小成的老公，成为同学争相羡慕的对象。谁料，佩倩的出现差一点就击碎了欣然幸福美好的生活。佩倩是欣然老公大学时候的同学，当年两个人出双入对，一起组织学校的各种活动。关于两个人的流言飞语，在同届的学生中流传甚广，可是两个人由于性格都很要强，最终也没有走到一起。谁知欣然和老公结婚5年后，佩倩再次出现在两个人的生活中，并阴错阳差成了欣然老公公司一个项目的重要合伙人。佩倩经历了社会的历练，浑身散发出一种谙知世事的成熟美。几年积累下的资本，更让这种成熟带着几分强大的气场。而嫁人后就在家里做起全职太太的欣然，在生活中比以前更加的恬静。佩倩和欣然老公的传闻，很快开始在同学圈子中活跃起来。很多往日的同学，约见欣然时似乎都在重复同一个话题："你最近怎么样啊？听说佩倩回来了，他们好像走得挺近的。"欣然只是淡淡一笑，仿佛并不放在心上："没什么，两个人只是工作上的事情，最近走得比较近。再说，佩倩和我老公比我认识得早，这么多年没见了，就算是同学也会再聚聚、叙叙旧。"而每天欣然在家的生活没有受到丝毫的影响，她看着自己的书，照顾着自己刚满周岁的孩子，伺弄着自己养的花花草草，每天为老公准备可口的饭菜，研究着自己的美味食谱。

欣然不仅没有被外界传闻影响和左右，生活中仍旧充满着趣味，反而更精心地打扮自己，并恢复了学生时代的几分活泼俏皮。尽管，看着老公加班回来的时间越来越晚，偶尔也会看见他一时失神的样子，好像遇到了什么心事。可是欣然并没有点破，反而让两个人的生活过得比以前更美满。她会在老公回来时递上拖鞋，早餐变着花样，晚上洗漱时准备好毛巾和牙膏。闺密们听说了传闻，都为欣然抱不平，说道："欣然，你怎么还这么隐忍？这情敌都追到家门口了，两个人保持那么暧昧的关系，你再不出手，可真是十分危险啊！"慢慢几个月下来，佩倩的事情渐渐淡下来。老公说项目结束后，打算带欣然出去旅行一趟，感谢她这么久以来对自己的支持和信赖。像欣然这样的女人，内心豁达开朗，在他人看来难以隐忍的事情，在她那里却是一种对于生活的自信和淡泊。欣然认为，与其与老公大吵大闹，暴露自己的缺点，不如有条不紊地生活，让自己变得更为完美。

女性在生活交际中如何做到淡定自信？

方法一：如若安好，便是晴天

女人在生活当中，最大的智慧就在于，不依靠他人，靠自己获得幸福。生活中会有失望、有低谷，然而这时候不能用恶毒的言语攻击对方，不如把不满和烦忧深埋心底，时间会满足自己关于快乐的诉求。不质问他人的痛楚，不揭穿对方的伤疤，不恶言攻击别人的错误，不颠倒是非抹黑对手的名誉。智慧睿智的女人内心隐忍，她们像水一样，用亘古不变的力量来构建自己的幸福生活。她们不容易被外界影响，内心充实丰满，不依赖他人也能让自己过得幸福。她们懂得最质朴的道理：如若安好，便是晴天。

方法二：与人交往，巧于用"色"

一旦在交往中，与他人的言谈有了不同意见，那么不妨巧用"女色"。回顾长长的历史画卷，在其中都能发现很多女性巧用自己的"色相"，从而实现了自身命运的改变。当然，在这里的"色"不单单是指女人的外貌，更重要的是女人利用自身性别优势。有时候，继续言语争论，不仅得不到令双方满意的结果，反而可能会使冲突升级，由言语争论引发人身攻击。这个时候即使是女人有理，对方过激的行为也只会给女人自己带来伤害。因此，不妨巧用“女色”，在言语中夹杂一些示好的肢体语言，尽量将矛盾降到最低，达到和解的目的。

方法三：女人要学会“低到尘埃中去”

女性睿智形象的展现方式有很多，有时候适宜的沉默和忍让，就不失为一种充满智慧的解决问题的方式。女人在交往中，要摒弃过于强势的姿态。真心赞美，点头微笑，如果对方的言语过分，可用满不在意的微笑来回应对方。同时，在心中可以进行思量，在下次交往的时候，选择恰当的言语给对方一个措手不及。即使是自己的能力不佳，使得对方抓住了自己言语上的缺陷，也不妨隐忍退让，即使失败，也要败得优雅得体。切莫不顾尊严，在大庭广众之下破罐子破摔。女人无论是言语还是处世之道，都要进有居庙堂之高的勇气，退有低到尘埃中的隐忍。

【名嘴寄语——徐志摩赠言】

“最是那一低头的温柔，恰似一朵水莲花不胜凉风的娇羞。”徐志摩在描写一位年轻女士时，对其低头娇羞的神态赞美不已。女人的人际交往，应如和煦的春风，给人轻松愉悦的感受。女人说话之道的智慧，深藏于适时的沉默与隐忍中。女人之美有千万种风情，既有动若脱兔的灵动，也有静如处子的端庄；既有古灵精怪的讨巧，也有沉鱼落雁的芬芳。然而，最令人动心的还是那一种沉静睿智之美，不为时光所动容，不为岁月所流转。

不要吝啬自己的赞美之词

善于言语交际的女人，懂得表达出对他人的真心赞美。懂得赞美的女人，通常内心豁达，能够发现他人身上的闪光点。赞美是与人交往的一种真情流露，是最能打动对方心灵的一种言语表达。只有懂得赞美的女人，才能从对方的身上获得自己成长的动力。认真聆听、真心赞美、点头微笑，这些都是女人在言语交际中，让人顿生好感的表现。夸赞他人，给予鼓励，不仅能给对方带来愉悦的心灵休验，也会使自己变得更加的豁达开朗。

两点一线的日常生活，柴米油盐充斥其中，女人在时光的等待中，逐渐失去了童真，淡漠了激情，对什么都看不顺眼，对什么都提不起兴致，似乎这些都是生活中经常出现的一些负面情绪。赞美是从心灵深处散发出的一种欣赏，不仅能让自己发现对方的优点，同时也能让自己感受到生活的活力和多彩。赞美是生活的一种调剂，同时也是人际交往的一种互动。在忙碌枯燥的日常生活中，赞美就像是一首动人的乐章，点缀其中，给交往双方都能带来美妙的心灵感受。

从心理学角度来说，每个人在生活中都希望能够获得他人的认同。能够获得他人的赏识，是人最为基本的天性之一。很多女人认为，口头上的赞美会显得十分虚假，甚至会把赞美和奉承联系在一起。其实，真诚的赞美是对他人价值的认同，是一种对他人的尊重和馈赠。同时赞美也是一种互动，是对他人行动的积极反馈。赞美在交际中可以缩短双方的距离， 让对方放下心理防线。在现实生活和人际交往中，有很多人不善于赞美他人，同时也就得不到他人的赞美，以致在生活中缺乏很多应有的愉悦。

刘佳在一家汽车公司负责营销的相关工作，平时经常和工人、技工打交道。因为教育背景和经历不同，有时候沟通上也会存在一些客观的差异。刘佳为人热情大方，经常能发现他人身上的闪光点，并且能真诚地赞美对方，同事们和刘佳相处都感到十分愉快。最近车间里的一位老员工工作效率和业绩每况愈下，刘佳决定亲自找他聊聊。刘佳给老员工沏上了一杯茶，开场白不是责备和批评，而是赞美：“刘师傅，您在我们公司工作有快十年了吧。”刘师傅笑着点点头，说道：“是啊，到了这个年底，就正好十年。”刘佳点点头说道：“刘师傅，您一直是手艺很好的师傅，在咱们生产线也是元老级人物了，技术一直让顾客十分满意。很多顾客也是慕名找您，您也帮公司维护了不少老顾客。只是我想问您一下，您最近修理工作完成的时间好像有些加长。您看是不是我们公司管理层有什么地方让您分心了？还是您家里或者自己身体有什么不大方便的？我作为公司管理层的一员，还是想听听您老的意见。如果是我们管理层决策失误，给员工带来负担了，我一定及时反映。要是您自己有什么困难，公司也会帮您积极解决。”刘师傅嘿嘿笑着说：“刘主任，您这么说真是太客气了。可能最近体力有点跟不上，没尽到自己的义务。我回去一定好好调整状态，争取加快效率、保证质量。”刘佳听了之后回答说：“刘师傅，您说话我是一万个放心。只要您答应的事，肯定是说到做到。”刘师傅在以后的工作中，也是积极调整了自己的工作态度。

在给他人提建议的时候，以赞美开头不仅很容易达到效果，同时也能给对方增强信任感。懂得说话之道的女人，懂得在他人面前进行亲切的赞美。

方法一：做语言上的巨人

我们常说，某人是语言上的巨人，行动上的矮子。然而，在现实生活中我们常常发现，有些人不仅是行动上的矮子，而且连语言上的巨人都无法实现。他们在言语上锱铢必较，更是吝惜自己对于他人的赞美。与他人交往的智慧，表现在恰当地放大他人的优点，而缩放他人和包容他人的缺点。看到他身上的闪光点，不妨直言说出。尤其对于一些暂时在某个方面有所欠缺的朋友，真诚的赞美能帮助他找回自信。当你能够习惯性地将他人的优点放大，那么就更能激励你向更完美的自己挺进。睿智的女人懂得做言语上的巨人，在言语上真诚表达对他人的赞美，不仅能够给对方以勇气，也会给自己树立很好的形象。

方法二：亲近之人更需要赞美

人类似乎总是有一个习惯，习惯了将自己完美的一面展现给陌生人，而将许多的挑剔和任性施加到我们亲近的人身上。我们在生活中，时常会把赞美声送给生活中接触并不深入的人。此时的赞美，更具有交际的功能性。然而，我们对自己身边的亲人朋友，就会忽略给对方以赞美。也许正是因为日积月累的惯性，让我们忽视了这些陪我们走过生命重要过程的亲人。其实，在生活中有他们的陪伴才能让我们的日子充满五彩的颜色。因此，不要对身边人吝惜自己的赞美，亲近之人更需要我们的赞美，给他们带来欣喜，可以补充生活中所需的心灵力量。

方法三：真情实意价最高

世界上最为珍贵的，就是人们赤诚的一片真心。恋爱时，你会因为对方的一片真心而许以终身。工作时，你会因为下属的一颗真心而破格将其提拔。多年的好友，也是时间淘金后留下的岁月真谛。因而，女人在对他人进行赞美的时候，首要注意的原则就是真情实意。没有真情实意的赞美，会让对方感觉十分做作，不仅起不到情感沟通的作用，反而会让对方感到厌恶，而自己最终也会被贴上虚伪的标签。不论是做事还是言语交际，真实的情感才具有打动人心的力量。

【名嘴寄语——梵语赠言】

“赠人玫瑰，手有余香。”印度的一句梵语用最质朴的语言，说出了世间最为真切的道理。赠与往往比接受更有价值。作为女人，在人生的道路上有很多接受他人赠与玫瑰的机会。然而，想要让这份爱心继续传递，为自己在交际中赢得良好的形象，不如赠他人以言语的玫瑰，以字字珠玑的赞美声，赢得他人友好的态度，展现自己宽广豁达的胸怀。

吹吹温柔的枕边风

有人说旺夫相的女人有几大特征：宰相肚里能撑船，善解人意解风情，温柔起来像阵风。女人温柔地撒娇，对于男人来说是动人的音乐，不仅能够激起男人的保护欲望，同时也能满足男人的大男子主义情节。在恋爱当中，如果女人想要提出什么刻薄的要求，往往都会用上温柔撒娇这一“撒手锏”。可以说，温柔的言语是女人对男人保持魅力的一大法宝。女性温柔的言语，就像是一股暖流，可以驱走男人一身的疲倦，为他们缓解压力，增强前进的动力。女人温柔的气质就像是武术中的顶级技能，以内功和心法来克敌制胜，不用蛮力但却行之有效。

可惜，并不是所有的女人都懂得运用自己身上与生俱来的魅力。女人少了温柔，就像男人少了顶天立地的英雄气概，失去了最富有代表的特质。在热恋时期，女人经常会用温柔的撒娇来逗男朋友开心。然而在婚后，女人的生活角色更多的转向了柴米油盐的生活。现实生活中的琐碎细节，有时候让女人失去了恋爱中的风情万种，很多的女人在婚后放弃温柔言语方式。女人原本可爱的一面，恋爱的激情也被日常生活消磨得失去了色彩。面对男人的错误，女人不再用温柔的撒娇来劝说。取而代之的是无尽的埋怨和唠叨。而男人不仅对此时的女人产生了恐惧的心理，同时也成了爱情的逃兵。

与其说婚姻是爱情的坟墓，不如说爱情在婚姻中修成正果。如果说爱情是人生路上的一道美丽风景，那么婚姻生活就是生活中永恒的D大调旋律。它也许不如圆舞曲那样婉转优美，也不像进行曲那样慷慨激昂，但是在悠扬的旋律中释放所有的激情。婚后的女人应该更懂得为妻之道，在生活中多给男人以鼓励和支持。女人婚后不妨也经常吹吹温柔的枕边风，这会让倔强的男人心服口服，不仅对自己言听计从，同时也能给生活添加无穷的乐趣。女人经常抱怨婚后的男人早已经没有了恋爱时候的那份殷勤，与此同时是不是也应该检讨自己在婚后经常发火闹脾气，自己也没有了恋爱时候的那份温柔和娇羞。想要重塑恋爱时期的甜蜜，女人不妨从温柔的枕边风开始，重新调整两人的关系。

梁娜和赵兰是从小一起长大的好闺密，两个人是一起办的集体婚礼。婚后，两个好姐妹也经常一起分享婚姻中遇到的问题。一个周末，两个好姐妹照例出来一起喝下午茶。赵兰看着梁娜似乎有心事，便试探着问道："最近遇到什么不开心的事情了？是不是和老公又闹别扭了？"梁娜直言说道："哎，还真是。最近，老公的工作特别忙。我们都没有什么时间交流，最近家里房子价格已经涨到顶了，我想说服他卖掉，换一件稍微小一点的，剩下的钱可以拿出来做点小额投资。"赵兰说道："你可以没事时候多给老公吹吹枕边风。""什么枕边风？"梁娜瞪着大眼睛说道。"哎，连这个你都不知道。夫妻沟通最为有效的时间，就是在两个人睡眠之前。这时候，你不妨把平时的想法说出来，哪怕是和他撒撒娇，都是增进两人关系的最好时机。""都老夫老妻的了，还什么温柔撒娇啊，那还不让人笑话啊！"梁娜说道。赵兰拍拍梁娜的头，笑着说："本来以为你是标准的新时代女性，怎么脑子里还有封建残余呢？夫妻生活也是需要调剂和经营的，几年如一日的生活，男人也会感到厌倦啊。温柔是女人的特质，你应该发挥这种优势。老夫老妻更需要生活的调节，你只有经营才能让两个人的感情时过时新。"虽然嘴上不答应，梁娜回家还是反思了婚后自己的行为。一天，梁娜和老公约好下班以后一起去吃饭。梁娜十分期待晚上和老公的约会，可是偏偏到了晚上自己的工作不能交接，等忙完了发现自己迟到了近一个小时的时间。梁娜一到酒店，发现老公阴着脸坐在一旁。梁娜连忙跑过去，一把捂住了老公的眼睛，在老公的耳边温柔地说道："这位小哥，这么晚了在等谁呀？心爱的姑娘没有赴约吧，脸色这么难看。不如我来当你今天宴席的女主角吧？"说着微笑着在老公的脸上亲了一下。听到老婆温柔的撒娇，老公的脸色缓和了很多。梁娜做了一个邀请的手势，逗得老公心花怒放。不仅如此，梁娜还吸收了赵兰的意见，在临睡前和老公经常卧谈。梁娜也不忘不时地给老公吹吹温柔的枕边风，两个人又恢复了无话不谈的生活。

既然温柔的枕边风那么管用，又该如何去做呢？

方法一：时不时可以耍耍小性子

女人在大是大非面前，一定要端正自己的行为，保持自己的尺度，拿捏好分寸。但是，在日常生活中，在一些无关紧要的小事情上，时不时耍耍小性子，其实也是一种很可爱的表现。女人和男人相比，较为感性，认识事物大多是从内心的感情出发。男人和女人相爱，正是因为两者之间思考方式的差异。如果一个女人一切从理性出发思考问题，也会显得冷漠、不富有情感。女性温柔、娇蛮的小性子，会激起男人的保护心理，时常让女人如愿以偿。

方法二：甜甜嘴巴似蜜糖

女人的生活中少不了"甜"，女人喜欢各式各样的甜品，让自己甜在嘴上。同时，女人也喜欢各式各样的"花言巧语"，让自己甜在心里。女人对于甜蜜的食物，甜蜜的言语，是不具有天然抵抗力的。在恋爱当中，每个女人都希望有一个了解自己内心、会说甜言蜜语的情郎。可是，女人也常常会忽略男人的心理需要。其实，温柔贴心的甜言蜜语不仅对女人有用，对男人也同样奏效。在生活中，女人不妨放下自己的公主姿态，时不时地对男人说几句甜言蜜语。有时候也能获得一些意想不到的效果，为两个人的生活增色不少。

方法三：逆境鼓励，多说体贴话

很多女人都希望自己的男人是自己最为坚实的后盾，希望男人是可以让自己停靠的港湾。其实，男人也有脆弱的时候，也会有不堪一击的痛处。在男人遇到逆境的时候，与其在一旁抱怨，还不如给男人来个温柔疗法。用温柔的枕边风，为男人驱走生活、事业上的压力。就算是铁骨铮铮的硬汉，也有自己内心柔软的地方。让男人获得女人的温柔抚慰，是让男人重整旗鼓、继续为夫妻双方的美好未来奋斗的重要支柱。

【名嘴寄语——西塞罗赠言】

“很难说人们的思想能从友好的举止和温柔的言谈中得到多少安抚。”才华横溢的古罗马哲学家西塞罗，提出了人类言语中难以估量的能量，就是来自于温柔的言谈。女人温柔的特质，可以融化一颗寒冷的心灵，可以拯救一个受伤的灵魂。对于朝夕相对的夫妻来说，女性温柔的枕边风，就是治疗丈夫内心苦痛的一剂良药。温柔言语所带来的神奇力量，会给男人带来无穷的力量，也会帮助他们发掘自身事业上的巨大潜力。

说话有巧劲，吸引注意力

太极宗师讲究“四两拨千斤”之道，说的就是习武之人在练习武术的时候，要学会利用巧劲而不是拙力来克敌制胜。武术之道讲究内功心法，善于运用力量比力量本身更为强大。不仅武术之道如此，言语之道更是如此。当对方以强势话语挑战自己极限的时候，不要想着与其正面冲突，而要学会旁敲侧击，用巧言击退对方的言语攻击。在言语交际中，想要用好口才赢得他人的青睐，就要懂得说话的巧劲儿。

女人在进行言语沟通的时候，有时候苦口婆心地阐释自己的观点，很可能给他人留下婆婆妈妈的印象。言语交际讲求的是适量原则，要注意过犹不及的禁忌。尤其对于女人来说，反复地对同一样问题进行阐释，就会给人留下啰唆的印象。在言语表达时，一定要注意言语指向要针对特定的群体，同时也要注意内容的一致性。在言语表达的时候，最好是始终贯穿一个话题，表达一个观点。言语的魅力就在于词能达意，而不是辞藻空洞的堆砌。

有人常说，好的言语就如同苦口良药，虽然听起来尖酸刻薄，但是传递的却是朴素的道理和箴言。然而在现实交际当中，人们习惯于选择收录那些容易接受的言语。可是我们为什么不学着让原本善意的话语，说得更加易于他人接受呢？其实，在社交场合中每一句话都像一颗子弹。如果不能有效地进行言语信息的传递，就像是空发的子弹无法击中目标，还很有可能会伤及无辜。说话要注意自己利用巧劲均衡发力，这样才能有效地传递自己的言语信息，从而更容易地吸引他人的注意力。

当你的言语具有一定的传播目的，而不是一般的聊天，那么就要明确你想要传递什么信息，将信息传递给哪些听众。

又是一年的毕业季，电视台来到某高校公开招募旅游栏目的主持人，千载难逢的机会让梦想登上电视银幕的学生们跃跃欲试。柳希是中文系的女生，在众多的学生当中，她的相貌并不出众，但是恬静的气质是她区别于其他同学的重要标志。柳希深厚的文学底蕴和机敏的反应能力让她一路过五关斩六将，最终进入了最后一轮的面试。与她同台的五名同学，都是受过专业训练的播音系学生。最后一道面试题，是由栏目的导演亲自拟定的——你认为女人的外貌和智慧，哪一个更为重要？每个人只有60秒时间作答，来不及思考，更没有时间提前准备。大多数的人在此时都会选择说内在的心灵美更为重要，因为这是一个方便延展的话题，论点论据都更为丰富。而背水一战的柳希，却自信地说道：“我知道大家都在打量我，大家都在盘算，我是否足够漂亮。我知道大家失望了，我确实没有大家希望的那么漂亮。漂亮确实很重要，这是女人第一眼的名片。如果我足够漂亮，那么惊艳的美足以掩盖我的无知。如果我足够漂亮，我可以大胆地把别人依偎，甩去我应有的担当。如果我足够漂亮，别人将不再把我忽略，我不用踮起脚尖渴望勇敢飞翔。如果我足够漂亮，再不用在意别人的眼光，因为我站在这里，就可以光芒万丈。”一席诗歌一般的语言说出，大家都惊呆了，就连栏目组的人都忘记了鼓掌，静静地回味着刚刚柳希慷慨激昂的讲说。几句话语中，看似平凡却有着震撼人心的力量，看似是对于外貌美的一种赞美，实则却是对于人们过分看重外表的一种审视：追求外在的美丽固然重要，但是更为重要的是不要忽略了外貌背后人们应该更为看重的内涵、能力、知识和担当。面对受过专业训练的主持人，柳希选择用独特的论点，让自己在关键时刻脱颖而出。最终，电视台公布了录用名单。尽管柳希凭借着良好的表现，获得了本次面试的第一名。然而，录取的仍然是排名在她之后的一位女生。柳希似乎对于结果并不那么看重，向栏目所有人道谢后离开了现场。谁知几天后，面试的导演找到了柳希：“之前的旅游节目，是一档定位于快餐文化的商业类节目。其实，我们寻找的就是一位和风景一样秀色可餐的美女。那档节目确实不太适合你的个人气质，但是我手头有一档读书类的栏目，不知道你愿不愿意加入？”突然的幸福，降临在柳希的身边。那还犹豫什么，她赶快地抓紧它。

看来人际交往中的巧克力还真的很重要。那么，具体该怎样去做呢？

方法一：围绕主题，让目标一击而中

生活中人们常常会提到“两点之间直线最短”的数学定律。而在语言交际中，也存在这样奇妙的道理。在谈及一个话题的时候，想要让自己的观点在第一时间内受到他人的重视和采纳，就应该选择最为有效的方法来实现。在当今高速发展的信息时代中，人们的生活节奏日益加快，简明扼要的信息点才是最适宜传播的言语表达方式。关键时刻来临之时，不在于言语表达有多详尽。一定要谨记的是，话不在多，重点是要突出核心，紧紧围绕着大家讨论的话题和要点。长篇大论有时候不仅不能让对方明白自己的观点，而且过于冗长的表达也会失去信息应有的传播功能。

方法二：主打心理战，因人出招

在大机械时代，一切批量生产的商品，都不如手工制作的商品更能打动人心。模式化的服务，模式化的笑容，越来越不能得到人们的青睐。人们的社交言语也是如此，女人要学会通过观察和分析他人的心理特征，选择不一样的表达方式。不同年龄不同身份的人，在与之交谈的时候，也要体现出不一样的内容。在老者面前讲话，要注意谦和的态

度。在竞争对手面前要有自信的语气，从气势上压倒对方。如若是劝服他人，要注意从对方的角度出发，深刻地体会对方的感受，才能够获得良好的效果。总之，说话前要先思考，学会以巧力致胜。

方法三：以礼晓之，以德服之

在言语的表达上，要想打动他人，获得对方的信任，就要懂得从情感上获得他人的信任。再熟练的语言技巧，若是没有真情的打动，就如同干枯的树枝一样毫无生机。人在进行言语表达的时候，要学会主动运用一些技巧，像打比方、举例子，用形象的方式去化解一些晦涩难懂的话题。在阐述自己观点的时候，要学会让对方全盘地知晓自己表达之中蕴含的道理。另外也要让自己的言行一致，用道德品质或者情感打动对方。借助情感的力量，用真诚感动对方的心灵，这样，在与他人的交际中就会起到事半功倍的效果。

【名嘴寄语——培根赠言】

培根说：“说话周到比雄辩好，措辞适当比恭维好。”如果言语也是一首歌曲，那么每一句言语表达都是一个动人的音符。在言语表达过程中，要学会有效地将这些音符排列在一起，奏出和谐美妙的乐章。在这个过程中，过度地使用词不达意的言语，不仅不能达到有效沟通的目的，而且还可能造成混淆视听的情况。同时，言语的表达也要注意以巧取胜，要抓住自己言语的核心内容，对待不同的对象采取不同的方式和态度，才能实现有效沟通。

第五章

玲珑八面，做个办事能力强的女人

有人说，一个人的成功，靠的是15%的专业知识和85%的人际关系。抛开比例上的严谨与否，我们从中不难了解，人际交往在生活中具有重要的意义和地位。尤其在中国这样一个较为看重人情来往的社会中，可以说谁掌握了人脉资源，谁就获得了事业的主动权。想要提高自身的办事能力，不仅要在专业知识上进行提升，同时在社交能力方面也要勤加修炼。

在工作岗位中，面对上司和下属都不要吝啬自己的赞美。言语上的示弱，其实也是内心强悍的一种体现。要善于利用女人天然的柔声蜜语，来融化对方的心灵。在处于困境时，不可咄咄逼人，要用自嘲来化解自身的忧愁。有时候以退为进，也是社交场合当中重要的生存方式。在说话时，也要学会眼观六路耳听八方，用自己的整体魅力捕获对方，在浑然天成的交际技巧中，将事情办得利落而干脆。

让上司和下属都听出你的柔美

很多女人喜欢看宫廷剧，各个妃子为了在皇宫中生存下去，上演了一出出勾心斗角的闹剧。在现实生活当中，女人所面临的挑战也绝不亚于宫廷剧。想要在职场中脱颖而出，除了必要的个人能力，巧妙的说话之道也能为自己的人际交往增色不少。语言是心灵的风向标，善于说话的女人不仅能巧舌如簧，而且也是具有很强办事能力的人。然而，即使自己在办事风格上雷厉风行，在言语表达上也要展现出女性的柔美，且不要过于强势，让人敬而远之不敢相处。

生活中有这样的一群女人，在上司和下属面前都能够交往自如。在她们身上，听不到言语的刻薄，收放自如的言谈让人倍感亲切。她们从来不用言语攻击同事，言语柔美的她们做事一点儿不会拖沓。她们善于用言语为他人解围，善于忙前忙后为他人打圆场。精湛的言语能力，让她们在公司中获得了更多的信任和支持。在遇到事件急需要解决的时候，她们不会自乱阵脚而是选择冷静处理。无论是什么时候与她们接触，她们身上不急不躁的个性，总是像一阵春风给人以和煦之美。

女人在职场中，会遇到各种各样的情形。有时候由于误会，会让自己和上司处于尴尬之中；有时候由于意见不合，自己和下属可能陷入争吵之中。无论是何种情况，只要善于动用言语交际能力，都能够将自己的尴尬化解，将双方的争吵停下，让事情平息，让自己的职场位置转危为安。职场中人们为了获取自己的利益，也会展开一场职场生存的明争暗斗，因而要深谙职场中的“森林法则”。所谓职场中的森林法则，也就是弱肉强食、胜者为王。女人温柔、豁达的性格和善解人意的柔美言语，能让人在职场中收获些许的温暖和安慰。

沈乔是一家公司的中级职员，专业技术过硬，可是一直没有升职进入管理层。和她同时进入公司的员工，不是被老板派到分公司带项目，就是在总公司独当一面，而沈乔仍然是普通职员一个。在公司提起沈乔，大家都说她是热心肠的好人。虽说如此，可是沈乔公司内外朋友并不多，下了班也是独来独往没有应酬，好像是很不受欢迎的样子。原因之一就在于，沈乔说话太直，因为自己的专业技术很强，于是说话办事有时候过于强势，全然没有了女性应有的柔美。公司每个部门月月都会一起运动。一次，大家约好一起打保龄球，其中各有一位同事是初学，球技自然是不太好。沈乔向来是热心肠，自愿当起了对方的教练。于是几球下来，同事打得还是不太尽如人意。每打出一球，沈乔都在一旁大喊道："臭球。哎，又是一个臭球。"一局下来，沈乔一边讲解着姿势和注意事项，一边说道："你这个人，平时看起来挺机灵的，怎么一打起球来这么笨呢。我看还是脑子没开窍啊，可能是运动神经不太发达，所以动作上就挺笨拙的。"同事听了十分不高兴，努努嘴说道："那看来今天，还真是麻烦你教我这么个笨蛋了。"沈乔直言说道："哎，那有什么麻烦的。都是同事一场，笨点没事，多练习就好了嘛。"直言直语是一把双刃剑，有时候使用不当，就可能误伤他人，造成对朋友和他人的伤害。沈乔的一句话，让同事陷入尴尬当中，自己的形象也受到了影响，导致自己在职场中十分被动。而和沈乔一起入职的肖丽，却十分懂得施展自己言语的柔美，时常在适宜的场合恰如其分地为他人化解尴尬。良好的人际关系，再加上自己还不错的专业技术，使得肖丽已经成为公司部门的负责人，也是沈乔的直接上司。年会的时候，正好是肖丽刚刚升职，肖丽挨座给各位领导和同事敬酒。到沈乔的时候，高过肖丽半头的沈乔，被东西绊了一下，把酒泼了肖丽一脸。在场的各位都愣住了，沈乔心想糟了，大家一定都以为自己是故意的。在技术水平上沈乔略胜一筹，同时早在之前疯传两人恶性竞争的流言。沈乔连声道歉，自己言语表达不佳，而偏巧平时对他人又直言直语，此时也没同事帮忙打圆场。然而，肖丽却微笑着说道："哇，看来今年真是鸿运当头啊。沈乔，谢谢你。也希望我们部门在大家的共同努力下也能鸿运当头。"几句戏谑俏皮的话语，顿时将彼此之间的尴尬化解。沈乔在心中默默地对肖丽说了声谢谢。

女性在交际中如何学会柔美表示？方法如下。

方法一：言语柔美，约法三章

在言语表达当中，女人切忌直言直语。我们不欢迎伪善的人，但是把有些真相太过赤裸裸地呈现在大家面前，也会有伤害他人的危险。言语要想柔美，就要对自己约法三章。即第一，伤害他人自尊心的话不说。女人不要轻易戳痛对方的自尊心，因为这是我们每个人社交生存的一个底线。第二，他人的缺点不直言相告。面对自己的缺点，大多数人都想隐藏起来。所以，面对他人的缺点，女人应该学会包容。第三，强势话语不可说。女人要言语柔美，切不可过于强势。女人的柔美是一种与生俱来的力量，就像水滴石穿的细腻绵长，能够化解哪怕石头一样的心肠。

方法二：言语柔美，关心他人

关心他人是一种美德，能帮助他人驱走心头的烦恼，温暖一个寂寞之人的心房。关心他人能够驱走生活中的冷漠，同样也能让自己感受到人性之中最为珍贵和温暖的一面。在职场中，女人要善于言语柔美，关心他人。不仅要从职场中获取利益，而且也要勇于奉献，从奉献和爱心中实现自我价值。懂得在职场中制造和谐的交际氛围，有助于巩固自己的人脉资源。在职场中关心他人，能够充分展现女性柔美的个性。同时，在职场中处处表现对他人的关心，也能让自己在职场中赢得一种推动力。

方法三：言语柔美，善解人意

善解人意的女人，往往是男人心中梦寐以求的类型。善解人意的女性，在职场中能够获得他人更多的支持。言语柔美、善解人意的女人，通常更容易获得他人的信任。能够读懂他人心思的女人，在职场中更容易找到自己的支持者。职场虽然是一个相互竞争的场所，但是同时却更需要人们彼此之间相互分担、相互帮助，如此才能获得认同、取得进步。

【名嘴寄语——金庸赠言】

“虽在重伤之余，又学了青城派这些人的四川口音，但一番话说来犹如珠落玉盘，动听之极。”阿朱在《天龙八部》中一出场，就以柔美的声音吸引了众人的注意。在《天龙八部》中，阿朱一直是以善解天意、温婉和煦的姿态，赢得众多读者的喜爱。在职场中，能够诚心为他人所想，以柔美的言语打动他人，是女人的一种高明之举。

言语上的示弱，计谋上的攻心

女人在社交环境中，切忌言语上争强好胜，强势占据言语高地，并不能让他人心服口服。女人不妨在言语上示弱，在计谋上攻心，即从心理上、精神上分析对方， 从而瓦解对方的敌意，使对方对自己放松警惕。施展攻心之术，是达到人际交往目的的一种重要心理战术。

言语上的示弱，并不是一种个性上的脆弱。反而，这是一种坚强和忍让。面对他人的非议和言语上的攻击，能够保持情绪的稳定，冷静而得体地面对对方的言语挑衅，是一种内心的淡泊，是内心的一种无比强大。如果女人在言语交际中，能够巧妙地以弱对强，就能够有效地规避很多交际中的不必要的误会。

在说话办事中，女人要将外在的言语，转化为内在的心计。弱势的言语，有时候能够帮助女性获得一种强大的助力气场。言语上示弱，实际也是个人良好修养的一种体现。能够在言语上保持镇定，不与他人唇齿核相争，是女人内在气度的一种外在表现。只有经历过人间风雨的人，才能在内心形成一种卓尔不凡的气度，让女人拥有言语交际中的“软实力”。

年终岁尾，大家都在等待丰收。尤其是对于职场中的新人，又到了年终总结和规划的时刻。年底工作报告、与老板谈资加薪、神秘的年终奖，这些都是年终岁尾的职场中不可或缺的话题。张燕是入职三年的员工，刚好经历了公司的转型，同时也是自己的一个成长跨度。这时候，领导通知张燕做好今年的工作总结，近期老板要和她聊聊近来的工作情况。年底的时候与老板聊天，其实是与年终奖金甚至是来年的工作升迁都有很大的关系。张燕的内心十分忐忑，因为前几天自己同组的同事将项目中的一个数字搞错了。虽然不是自己的直接责任，但是自己第一次作为项目的监督负责人，没有将其细节落实完美。虽说这一数字错误，并不是出现在项目的核心信息部分，但是一向眼毒的客户在签署前发现了这一问题，而且在签署前特地提了出来。这对于公司的形象，在一定程度上也有一种折损。如果因为这件事情，取消自己的年终奖金，或者是影响来年的调动，可以说也是极有可能的。一进办公室，老板示意张燕坐下，说道："来公司三年了吧，最近觉得工作怎么样啊？"张燕并不清楚老板此时的用意，因此照例寒暄了几句。"上次你带队的项目，你自己怎么看？"

此时，张燕便将老板猜得八九不离十，很显然老板有提拔自己之意。但是毕竟上次的项目关系到公司的门面，自己作为项目带头人，又犯了错误，让老板不太放心对自己委以重任。此时张燕没有选择将责任推给下属，而是自己在言语上选择了示弱的方式，以谦逊地姿态来面对老板的询问。"上次的项目，我做的确实不够好。在工作中也遇到了很多的问题，要不是您及时提示我，可能最后就会葬送本来成功的机会。"几番示弱的言语一说出口，老板略微点点头，紧张的氛围也有所缓解。听了张燕的一席话，老板也将话题转移到张燕上半年几个成功的项目上。张燕也同样放低姿态，以谦逊地态度说明："我以后一定会加倍努力，赢得自身更大的进步。"老板严肃的表情也开朗起来，低声说道："今年确实有缩减年终奖的打算，但是我们公司也需要扶持新人，需要培养一些低姿态又对我们公司有一定忠诚度的员工。"

看似言语上的示弱，其实是给自己留有余地以求后势之发。

言语上适当示弱既然有如此好处，具体又该怎样做呢？

方法一：看清时机，做沉默的羔羊

看清眼前的时机，适时地做到有选择的沉默。适时的沉默，可以稳定对方的心态，能够在短时间内消除对方的不信任，赢得与对方进一步接触共事的机会。看清时机，在言语交际中择其时机，以沉默来表达自己的立场。其实，言语上的示弱有时候也是一种力量和态度。它代表着谦和的态度，代表着包容的心态，代表着向他人的求助。在冲突倍增的语言环境中，不妨选择看清时机，做一只温顺的沉默羔羊。

方法二：言语示弱，内心强悍

言语的示弱，可以为女人提供一个良好的外部交际条件。女人在言语上示弱的同时，可以专修内部心法。很多人内心自信不强，有着很重的自卑心。然而，为了掩饰自己的自卑，很多女人刻意表现自己言语的强势。其实，示弱的巧妙运用，可以让女人获得反败为胜的法宝。示弱可以化解误会，和谐共处，为共同进步注入持久动力。

方法三：言语示弱，计谋攻心

示弱在交际场中越来越受到青睐。如果示弱巧妙地被加以运用，将成为赢得良好人际的有力帮手。示弱的言语交际，能够帮助女人树立更积极阳光的个人形象。这种言语交际上的适度自贬，有时候恰是保存实力、计谋攻心的上选良策。在选举中，很多的竞选者采用示弱的计谋，反而成为击败对手的秘密武器。恰当的示弱，常常会出奇制胜。

【名嘴寄语——笛安赠言】

“懂得大张旗鼓示弱的女人往往才是最后的赢家。”女作家李笛安如是说。她向我们传递了一种平和而含蓄的力量。女人的智慧，不是风驰电掣、雷鸣滚滚，在时光的消失中像水一样静静流淌，本身就是一种力量——一种不动声色的力量。言语的智慧，对于女人来说不是强势攻占高地，而是配合自己静默的姿态，在不经意的示弱中，谋得心中所求。

动听的声音也是一门大炮

在社交场合中，女人拥有优雅的举止姿态，自是会给对方留下良好的印象。然而，在交往当中，不可忽视的还有女人说话的声音。温柔动听的声音，也会为彼此的沟通平添几份柔情，让女人充满感染力。在与人交往中，女人的声音容易更直接地吸引他人的注意力。动听的声音也是一门大炮，是言语智慧的一种外化，也是最容易被他人所接受的。

在社交圈落中，很多人都有这样的体验：声音柔美的女性，在双方交往中，能够受到他人更多的认同和关怀。声音沙哑的女性，更多地会被认定为较为中性的个性。而声音尖涩的女性，会被认为为人较为刻薄。在现实社会，我们不仅生活在一个“以貌取人”的社交场合中而且也生活在一个“以声音取人”的时代。

很多人认为女人的动听的声音是一种天赋。实际上并非如此，女人的声音也是需要后天包装的，同时通过后天的修炼而形成的。我们常说“玉不琢，不成器”，如果女播音员不经过系统的训练，声音的表现力也会大打折扣。而很多声音条件不错的女人，就是因为没有掌握良好的发音技巧，导致自己美妙的声音不能百分百地传递出来。我们在生活中会有这样的经历，同样的表达，如果是从不同人嘴里说出来，可能表达的效果就会有所不同。正如女人的形体一样，声音也是可以塑造出来的。

杨天和李瑶的相识相恋已经足足有七个年头，如今两人已经结婚，而且还生有一个可爱的宝宝。谈起两个人的相识，杨天一脸幸福，笑着说：“我当时就是被李瑶银铃般的声音给吸引了。”刚认识的时候，两人同在一家公司。李瑶的外貌称不上漂亮，弯月般的眼睛，样子看起来很文静，可是个性十分活泼，是公司里活跃的“百灵鸟”。平时午休的时候，李瑶也会参与其中。李瑶的声音不算是甜美的，但是声音柔柔的，让人听起来感觉很是舒服。杨天觉得李瑶的声音总是那么亲切柔和，就像是娓娓道来一个故事。不知不觉中，杨天就经常找李瑶聊天，并发现李瑶和自己一样都是文学爱好者。李瑶经常和杨天谈论古代诗词，柔美的声音再加上婉转动听的词调，总是让杨天不自觉地同李瑶亲近起来。后来，想要到外面闯一闯的杨天，辞去了原本稳定的工作，只身来到北京打拼。身处异地的两个人，只能隔着电话倾诉衷肠。杨天特别喜欢听李瑶在电话那头讲述两人家乡的变化，而杨天也会给李瑶讲讲自己在北京的见闻。“家里一切都好吗？”很久没有回过家的杨天向李瑶询问着家里的情况。“挺好的，家里的事你放心，一切都挺好的。你呢？自己一个人在外面怎么样？”李瑶的声音还是那么的柔美动听，一时间为杨天驱散了心头的很多烦恼。杨天将心头的烦忧一股脑地讲给李瑶：“最近确实有点辛苦，这一阵子生意越来越不好做。偶尔想想，真不知道这样的日子什么时候能是个头儿。”李瑶还是一如既往地支持杨天：“没关系。只要你尽力了，我想过不了多久，就一定能够看到成绩。年轻人刚开始奋斗，日子苦一点，以后才能更甜。”杨天回忆说，当时自己一个人在北京，每天给李瑶打上一通电话，听听她动人的声音，就是自己心底的最大安慰。现在自己的情况好了，但是永远都不会忘记那些“以声传情”的日子。

女人如何在生活交际中在言语上展现声音的魅力？不妨拿以下方法做一下参考。

方法一：语气声调多留心

有很多女人在说话的时候比较害羞，于是嘴的开口度较小，对方听到的声音也是含糊不清。最佳的发音应该是字正腔圆，如果不能将音腔完全打开，那么就会极大地影响声音的美感和表达的效果。除了注意语调、声调之外，也要留心说话时候的语气。无论是与谁说话，都要报以谦和的语气和态度，才能获得对方的喜爱和认同。

方法二：口齿清晰，适当停顿

再好的声音条件，也要得到恰当的利用，否则也不能获得他人的青睐。虽然说唱音乐日渐受到人们的喜爱，越来越多的年轻人开始喜欢这种艺术表现形式。可是，必须说明的是，说唱音乐虽然形式独特，但是说唱却不能放到我们日常的交际当中。口齿清晰，让对方顺利获取我们表达的信息，是言语交际中的第一要务。另外，适时的停顿，也能为言语增添节奏感，让对方更好地了解自己所要表达的内容。

方法三：反复练习，弥补不足

歌唱和说话，都是声音的艺术。想要达到完美的效果，就要持续不断地坚持和练习。说话是口腔、腹腔相互配合共鸣的结果。随着情绪的不同变化，在说话时候要根据不同的情绪来调节自己的发音方式。不同的语段，就像是不同的音乐篇章，只有高低起伏地配合，才能回味无穷、扣人心弦。

【名嘴寄语——杜甫赠言】

“此曲只应天上有，人间能得几回闻？”杜甫在《赠花卿》中，对于美妙乐曲的赞美，成为千古传诵的佳句。动听的音乐，能够敲打人的心扉。而动听的说话声音，同样能让人感到舒适和愉悦。尤其是女人的声线优美，再配合得体的话语，会让人听了身心愉悦。女人动听的声音，犹如一发甜蜜的炮弹，让对方陶醉其中，融化在美妙的声音当中。

调动你说话时的整体魅力

在欣赏相声的时候，我们常常听到“相声是一种语言艺术，讲究说、学、逗、唱”这样一句话。而社交中的言语表达，作为语言艺术的一个分支，也是一门综合的艺术形式。如果想要在社交场所中获得超高人气，也缺不了说、学、逗、唱几种言语表现形式。在言谈时候，要充分调动说话时的整体魅力。

好口才并不是天生的，通过后天的培养和锤炼，也能为自己赢得加分项。在进行言语表达的时候，一定打起十二分的精神，通过全方位的塑造提升自己的形象。调动自身的各种优势力量，其实和内心的涵养是密不可分的。好的口才和整体魅力的提升，是建立在自身的内涵和学识之上的。只有充分地提升自己各个方面的综合素养，才能更好地在言语交际中提升自己的整体魅力。

女人的一颦一笑，在言语交际中都会给他人留下印象。柔声细语、善解人意、浅声微笑、谦虚恭敬等，都应该在言语表达当中得到充分的表现。而在表达的形式上，可以综合运用“说、学、逗、唱”的形式。善于交流、表达出自己内心所想，便是“说”。学，是要善于学习他人言语的表达形式，变他人之长为自己之长。逗，就是言语上的幽默感，它是生活的润滑剂，是生活中重要的一抹色彩。唱，虽然是一种演绎形式，但是代表了生活中轻松的心情，偶尔的一两句歌声也能让生活更富有滋味，让与他人的交际更具有情趣。

一次宴席的时候，某公司的女经理在和同事开庆功会。为了表彰同事们上一年辛苦的付出，女经理挨桌敬酒表示感谢和慰问。在与其中一位同事敬酒的时候，女经理脚下一晃，失去了重心，手里的酒杯一不小心泼到了董事长的头上。当时女经理马上从庆功会的喜悦沉迷中清醒过来，被眼前的情景惊呆了。可是这时候董事长却只是微微一笑，回答说："哈哈，你以为用酒就能滋润我没有长出来的头发吗？"一时间周围的同事都哈哈大笑起来，尴尬瞬时转化成了温馨的笑声。而女经理也体会到董事长独具特色的语言魅力，影响了女经理为人处世和言谈举止的表达方式。善于掌控说话之道的女人，懂得从各个方面运用自己的智慧，将自己的窘境巧妙化解。曾经有一位女议员在发表讲说，在场的各位都在侧耳倾听。这个时候一位听众的椅子腿突然折了，听众从椅子摔落到地面。现场的听众一片哗然，注意力都聚集到这位听众身上。女议员此时并没有大惊失色，她急中生智对着众人说道："诸位，现在你们信服我说的话了吧？它足以压倒一切的异议声！"话音刚刚落下，下面就响起了阵阵的笑声，随即一片热烈的掌声响贯全场。还有一次，女议员急着赶到会场，要求司机快点开车。可是司机一来担心她的安全，二来担心自己会发生违章行为，只好婉言拒绝了女议员的请求。女议员命令司机与自己调换位置，然后大踩油门，让车子飞驰起来。果然，车子很快就被交警拦住。交警上前敲开驾驶座位的车窗，女议员向交警汇报说："警官，实在抱歉。车里坐的是位要人，恐怕不方便查办。"交警一脸不屑，仰起头问道："那么，请问车里到底坐的是哪位要人呢？"女议员佯装踌躇，一脸为难地说道："这个人的身份恐怕我不好透露。不过警官先生，我可以告诉您的是，议员是他的司机。"警官听了之后，面露为难之色，说道："那么，这次就给你一个警告处分。请以后按照标准速度行驶。"随即便转身离去，并没有过多地为难女议员。

据此可见，女人在交际中，要充分运用自己各个方面的智慧，这样才能让他人从自己的身上欣赏到无穷的魅力。如果一个女人能够积极提升自己的内涵，无论是在言语表达，还是在交际场中的表现，都会闪现出动人的光芒。那具体如何去做呢？

方法一：腹有诗书气自华

女人的优雅气质多来源于书本的知识，只有多读书才能让自己的内涵修养都丰富起来。经常读书的女人，会拥有更为开阔的视野，对待世间万物也会拥有更为深刻的感知力。读书开阔了视野，能够让她多了解各个方面的知识。这样的女人，说起话来便能头头是道，同时也能扩大自己的交际群体，让自己在与不同人的交往中，都能找寻到共同话题，不至于让冷场的现象发生。

方法二：多接地气吐莲花

女人在与他人展开言语交际时候，可以在其中加入一些时政元素。在初次与他人交谈中，除了介绍彼此之间的个人情况，同样可以选择一下当下的热点话题，通过热点话题的导入，加入自己的观点。我们都生活在时变时新的社会中，每个人对于当下发生的热点事件，都会有或多或少的想法。选择接地气的热点时政话题，可以展现出女性睿智的一面，结合自己的观点，在对方面前口吐莲花，能够给他人留下深刻的印象。

方法三：言语态度是王牌

除了言语内容之外，言语态度也是影响女人交际形象的重要因素之一。在言语交际中，即使遇到自己不能回答的问题，也不必感到尴尬难堪。此时，不如坐在一旁面露微笑地看着对方，用微笑来化解一切的尴尬和难堪。在言语交际中，微笑也是一种态度。面对弱势群体，能够放下高傲姿态，平易近人与对方交谈。面对身份地位高于自己的人，要不卑不亢地从容应对。一个良好的态度，是女人形象的最大亮点。面对不同的人，都能表现出良好的交际态度，使用好这个王牌，就能先发制人、大获全胜。

【名嘴寄语——罗曼·罗兰赠言】

“一个人想求精神上的伟大，必须多感受，多控制，说话要简洁，思想要含蓄，绝对不铺张，只用一瞥一视、一言半语来表现。”这是大思想家、文学家罗曼·罗兰留给我们的颇有内涵的一段名言。想要在言语交际中有非凡的表现，绝不是单方面在起支配作用。在言语交际中，一定要全方面调动自己的言语表现力，要在感情上、思想上节制，同时言语不能空洞和缺乏感知力。

挑选适当的时候据理力争

人的一生中，会面临很多的机会和挑战，而挑选恰当的时机向成功进发，是决定事情的成败的重要因素。在言语交际中也是如此，恰当的时候说出适当的言语，也就能达到事半功倍的效果。拒绝他人的时候，要懂得挑选时机，否则不仅会让对方陷于尴尬之中，还会让自己开罪他人。因此可以说，在人际交往中，选择好一个恰当的时机，就等于成功了一半。

不仅在表达拒绝的时候要学会选对时机，在表达自己观点的时候，也要抓住时机，才能一鸣惊人。尤其是自己的利益受到攻击的时候，挑选适当的时机将具体立场表明，并且为此据理力争，才是保护自己的一种明智之举。

无论是在社交场合还是在职场当中，女人比以往都要背负起更多的责任。内要兼修涵养，外要兼顾形象。这是一个再好不过的时代，也是一个再坏不过的时代。对于女人来说也是如此，这个时代给女性更多的自由选择和个性解放的同时也给女人提出了更为严峻的要求。如何以一个新时代女性的形象生活在当下，确实是值得每一个女性思考的问题。女人应至清如水，至纯如水，至柔如水。日常生活中的女人应该像水一样，拥有安静而低调的姿态。而在适当的时机，也应该表现出火一样的热情，把握住自己的机会，为自己的目标据理力争。

柳梅为公司劳累了一年，事事为他人先，敢于带领部门的员工打破常规，挑战不可能完成的任务。论胆识、论能力，与其他的元老级员工相比，柳梅都在他们之上。虽然自己身为女人，但也颇有巾帼不让须眉的几分霸气。对于自己的良好表现，柳梅觉得自己应该获得年底的高薪分红。可是自己初来公司，如果给自己分年底高薪，确实会让很多元老员工产生想法。柳梅觉得自己近半年时间的表现，虽然从时间上来说并不长，但是从成绩上来看足以证明自己的实力。于是，柳梅决定在年底自己最后一个项目交接完成后，向老板提出升职加薪的申请。无论在职场或者生活中，大部分女性都是十分含蓄的，即便是对于身边的事情有所不满，也不愿意直接提出。尤其是在职场中，再加上是新员工，提出升职加薪无疑是一步险棋，如果表达不当，不仅升职不成，还有被扫地出门的危险。可是，柳梅刚刚跻身于大城市，脚步还没有站稳，无论在经济上还是在生活上，都需要较为稳定的薪水支持。柳梅决定年底要据理力争，赢得老板对自己的信任，从而获得自己应得的年薪。趁着给老板送资料的机会，柳梅对老板说："老板，有件事情和您商量一下。"老板示意柳梅坐下，说道："有什么事，你但说无妨。"柳梅说道："老板，我到公司也有一 年的时间了。我觉得公司各个方面，我自己适应得都还不错。我想能不能把我的合同期，再继续延长一段时间呢？我觉得找到一个和自己十分契合的岗位，对于我自己来说就是一种莫大的幸运。我想让自己的这份幸运延长下去。另外，我也希望能够让自己和公司建立更为密切的合作关系。当然，我也希望公司能够感受到我合作的诚意，能够给我提供相应的回报。"巧借合同续签，柳梅向老板表达了自己有决心和公司一起发展的勇气。同时，也示意老板打消为自己升职加薪的顾虑，因为自己是一个对公司有很高忠诚度的员工。老板听了之后，微微点点头说道："本来考虑到你的工作表现，年底的分红你确实有机会拿到可观的一部分。因为你刚进公司，有时候也要顾忌到一些老员工的情绪。现在，既然你已经向公司表态，愿意长期和公司合作。那么，我和其他的员工也有交代。既然是市场经济，那么当然要按劳分配。你理应得到自己的辛苦奋斗所得。"

社交中的据理力争是一门很巧的学问，不妨参考以下几点方法。

方法一：找准时机，厚积薄发

对于任何事情来说，机会都是人在追寻成功过程中最为重要的导火索。在言语交际中也是如此，选择在重要时机突破自身发展瓶颈，对于女人来说也是至关重要的。女人要在言语交际中开启自己前进的大门，寻求机会，用言语表达出自己内心的思想过程。找准方向，厚积薄发，为自己的成功道路奠定坚实的基础。

方法二：打破规则，不让须眉

很多人觉得女人生来性格温和，在职场中也应当完全以服从命令为先。其实不粗，在职场中，女性一定要充分发挥自己的性别优势，不能让性别成为阻碍自己前进路上的绊脚石。女人在职场交际中，要学会打破常规，让自己的闪光点出现在他人的视线当中。女人温婉不争的个性，在生活当中会让人觉得亲切舒服，但是在职场当中，就要学会当仁不让地获取自己应有的所得。打破规则，做到巾帼不让须眉。

方法三：无悔撑起半边天

女人不仅要在生活中求得幸福，更要在事业中求得发展。女人的角色扮演，不能仅仅局限于自己的家庭当中，更要拓展到事业之中。一个新时代的独立女性，不仅要有美满和谐的家庭生活，更要在经济上独立，事业上顺心。只要是自己应得的，有机会得到的，都应该据理力争，为自己半边天的权益无悔地奋斗。

【名嘴寄语——罗伊·布莱克赠言】

“权利是不会主动实现的。要是没有律师据理力争，这些权利都是一纸空文。”美国著名律师罗伊·布莱克，在众多场法庭辩论中，指明了据理力争的重要性。在女人的生活中，自己不是为了当事人辩护，是为自己生活中的权利据理力争。正如律师所言，一切的权利都是通过我们自己的据理力争获得的。生活中的机遇往往稍纵即逝，对于女人来说更是如此。要抓住生命的光彩瞬间，女人，请你为自己据理力争。

学会自嘲，以退为进

在人际交往之中，我们常说“退一步风平浪静，忍一时海阔天空”。在交际过程中，一旦与对方发生冲突，无论过程如何，从结果来看一定是两败俱伤的局面。因此，在交际场中若是遇到了冲突，不妨想办法将其化解。女人要善于自嘲，善于化尴尬为和谐。

人们在社交场合中，只有彼此交往、沟通感情，增进彼此之间的信任，才能促成交际成效的最大化。女人一定要注意的是，交际场并不是打拼胜负的场合，在这里沟通和交流才是最为重要的。很多女人一向追求完美，无论是爱情还是事业，都希望能获得他人的羡慕。但是，在言语交际中，自己也会有或多或少的缺失。在这个时候，女人不要盲目地钻牛角尖，不如放下自己的公主姿态，学会用自嘲化解自己的尴尬。

在社交场合中与人沟通，难免会遇到形形色色的人，每个人都是术业有专攻。无论是在任何领域的专业人士，换到其他的领域当中，可能就是一个门外汉。我们没有必要要求自己作为一个全知全能的人。因此，遇到自己不懂的问题，遇到自己说错的话语，一个自嘲就能巧妙地避开自己的劣势。同时，自嘲也表明出自己谦和的态度，从而让对方心生安慰。

张岚在生活中是一位乐观、活泼的女性，平时朋友都十分喜欢与她交往，因为和张岚一起会倍感轻松。爱美是女人的重要特质之一，大多数的女人都想以完美的姿态展现在他人面前。很多女人因为自己没有傲人的身材而苦恼，因为自己没有天使的面庞而自卑，其实生活中放低自己的姿态，放下自己的标准，偶尔的一句自嘲便能为自己解开困境、解除烦恼。严格来说，张岚并不是标准的美女，皮肤黝黑、身材浑圆，再加上个子不高。可是张岚并没有对自己的外貌感到自卑，而是常常用自嘲巧妙地化解。张岚对于自己身材的缺陷，不仅不会回避，而且也经常会自爆笑料。一次和朋友一起到海边，大家都在挑选泳衣，有人建议张岚挑选白色的。张岚一听便笑出来说道："我觉得我要是穿上白色泳衣游泳，正好赶上有美国空军飞过，肯定会特别紧张。一看我这身材配上白色泳衣，还以为他们发现了古巴。"简单轻松的自嘲，哪怕是针对自己的身材缺憾，也没有给自己造成太大的负面影响，反倒调和了谈话的气氛。正是因为张岚幽默乐观的态度，在公司获得了很好的人缘。年底公司组织年会，张岚自告奋勇地担任主持人一职。在张岚的带领下，年会上笑声不断，她给大家带来了很多的欢乐。张岚一出场便摔了个面朝天，原来是因为租借来的高跟鞋实在不合脚，再加上晚会地板有些发滑。张岚的体态有些发胖，摔倒在地发出了巨大的声响，其实原本是一件很尴尬的事情。可是，张岚镇定地爬了起来，冲着在场的观众说道："真是马失前蹄啊！看来今年节目的台阶不好下啊！可是，我敢保证这台上的节目肯定会越来越精彩！"几句自嘲似的临场串词，不仅缓解了台上的尴尬，同时也展现了张岚良好的心理素质和机敏的反应能力。

聪明的女人善于把握气氛，懂得用自嘲化尴尬为融洽，懂得用自嘲的方式占据先机，消除窘境带来的负面作用，并且常常收到奇效。

女性在社交中该怎样把握适时自嘲的原则呢？

方法一：抢先机自爆料，自嘲助你赢先机

在社交场合中，尤其是作为锋芒毕露的女人，很可能会因为一两句言语的争执和他人结下"梁子"。女人在交际原则中，应该奉行与他人为善的道德标准。但是，不妨有些人会早早埋伏好，等待时机让你出糗。面对对方突

如其来的嘲讽，不如先自嘲，掌握言语圈子中的主动权，有机会必定可以后发制人。

方法二：镜面效应，准确定位

在交际圈子当中，我们总是很轻易地能够发现他人身上这样那样的缺点。在想要嘲讽他人的时候，不如把对方当作自己的一面镜子。觉得对方有某种缺点的时候，对应一下自己身上是否有同样的缺点。一旦发现自己身上也存在，那么不妨对自己也来上一番自嘲。其实在自嘲的背后，是镜面效应的真实反映，让人们能够认清自己，对自己进行准确的定位。同时，也看到自己身上的优点，让我们贵在自知之明。

方法三：窘境自嘲也能缓解压力

很多女人有着可人的外型，良好的气质，同时个性温和，像一朵芬芳的花朵，让人忍不住想与之亲近。可是，这样的女人往往十分注重自己的个人形象，希望自己在他人面前保持得体的完美形象。然而，毕竟人无完人，不仅要给他人机会，也要对自己宽容。一旦自己身上具有某种缺失的时候，不妨给自己一句自嘲，让自己和生活都变轻松。

【名嘴寄语——马季赠言】

“我是大海里的一滴水，粮仓里的一粒米，原始森林里的一株幼苗，喜马拉雅山下一棵无名草啊！”这是马季先生在相声表演中运用过的一句话，采用自嘲的语言表达方式，给语言艺术增添了很多的魅力。自嘲在生活中，同样也是一种生活的态度和艺术。女人在生活和交际环境中，善于采用自嘲的方式，能够为自己化解烦恼，保持形象，增添活力。

女强人说话无须咄咄逼人

世间本来就是刚柔共济，女人和男人之间不应该是彼此竞争关系，更多的应该是和谐共处。男人和女人之间，并不存在两者谁更强的问题。因为，两种性别之间，最为重要的是合作。时代的进步与发展，让更多的女性走出家门，有机会参与到社会大分工之中。女性的角色已经有了新的定位，但这绝对不意味着女人需要强势的姿态，才能支撑起更多的社会责任。

咄咄逼人的女强人，在现代的生活当中似乎随处可见。女人们经常抱怨，这是一个缺乏英雄的时代。而男人们也常常振臂高呼，我们需要一个十足女人味的女人。女人在社会中立足，似乎倾向于模仿男人刚强的气魄。无论是出于何种原则，不管是在当今社会，还是倒推几个时代，咄咄逼人的女强人形象，都不会受到他人的欢迎。无论是在生意圈和职场中，还是在生活社交中，女人咄咄逼人的强势形象，只能让对方感到望而生畏。

即使是拥有一定事业基础的女性，在与他人交往中，也要注意维持自己温婉得体的女性形象。在生意圈和职场中，女人要学会隐藏锋芒，这样会减少很多不必要的烦恼，让自己能够更好地集中精力在事业中。在现代社交环境中，想要取得更大的成绩，就要学会资源整合，而不是与他人对抗，形成恶性竞争的态势。那么资源整合，放到交际场合中，最重要的就是要学会“以和为贵”，与他人建立和谐的人际关系。强势的女强人形象，表现在言语上就是咄咄逼人，而给他人的整体印象就是具有攻击性，缺乏亲和力。其实，无论在什么场合，女强人自身在言语表达和为人处世中，都无需咄咄逼人。一个微笑，一抹阳光，就会令女人给人留下的无尽遐想。

徐静是出版社的一位编辑，人如其名，平时说话不多，做事情也很有分寸。李峰是徐静的同事，那时候两个人的工位只隔着一个过道。尽管李峰一抬头，就能看见徐静，但是两个人平时说话并不多。午休的时候，同事们总喜欢坐在一起评论时政，讨论一些热点话题，李峰总是观点鲜明，而徐静说得不多，总是静静地聆听他人的发言。日子就这么从容地过去，李峰和徐静的关系也慢慢走近。李峰在出版社工作成绩很好，很多领导都十分看好他，甚至有意重点培养。然而出版社的工作很稳定，那时候市场化程度还不高，李峰觉得作为年轻人应该出去闯闯。一天，李峰约徐静出来，当面向她说道："徐静，我打算去南方闯一闯。现在单位里我的情况你也了解，你觉得我现在出去，是不是好时机？"徐静并没有急着下结论，而是说道："既然你心里动了念头，我觉得不妨去试一试。年轻人最有尝试的气魄，就算失败了，也有从头再来的机会。只要你做出的决定，不管成功失败，都不会让自己后悔，那我就支持你的选择。"徐静的一席话，让李峰觉得自己的事业道路上，更倍添了勇气和力量。后来，李峰果然去了南方发展。再后来，两个人走到了一起。李峰经常坦言道："这么多年，无论遇到什么苦难，徐静都能坚守在我的身边。事业低谷的时候，她总是给我勇气。工作繁忙的时候，即使是回不上家，她也一如既往地给我信任和支持。我觉得女强人不一定是外在言语上的强悍，最重要的是有一颗坚定的心。"正如李峰说的那样，徐静现在也帮助李峰管理一些公司的业务。从外表来看，徐静总是默默地做事，得体地表达，从来没有给人过于强势的印象，从来没有咄咄逼人地对他人大呼小叫，但是踏实不轻狂的态度，却获得了自己爱人和员工的尊重。

女人不可太强势，太咄咄逼人。要做到这样，可参考如下方法。

方法一：女人越强，越要温婉

很多女人在生活和工作中，越来越多地处于领导的地位。可是，她们却不能够恰当地运用这一纸令状。为了维护在他人心中的地位，很多女人抛弃了女性原本应有的温婉性情，对他人颐指气使，经常对自己的下属甚至是亲戚朋友大呼小叫。然而，这样的举动可能得到的是表面的顺从，却让他人产生了对自己的厌恶。女人可以做强者，但是千万不可通过咄咄逼人的态度显现出来，大部分情况只会适得其反。

方法二：柔声细语，以柔克刚

男人的阳刚之气，让女人感到安全感。而女人的柔声细语，也为男人平添了几分柔情。生活是一个漫长而又短暂的过程，而不是一场场的冲锋。女人咄咄逼人的态度，只会让生活充满争吵的火药味。柔声细语是生活的春风，也是维系健康和谐生活的最好法宝。强势的姿态，可能为女人赢下一片江山。但是，要守住这片江山，却需要女人的柔声细语。女人应该知晓自己与生俱来的力量，利用好自己以柔克刚的最佳武器。

方法三：曲言委婉给人留台阶

生活中，他人难免会犯错误，有时候无意的错误可能会给你带来很多麻烦。即使是自己的下属和员工，让自己陷于麻烦和琐事之中，也不能咄咄逼人地对他人进行批评。不妨曲言委婉相告，这不仅能够让他人保全面子，而且还会让他人对自己心存感激。当着众人之面，对他人咄咄逼人地追问和谴责，并不能让自己脸上生辉，相反会让他人觉得自己心胸狭小。因此，不妨换个角度，站在他人的立场思考问题，放下自己女强人的高姿态。

【名嘴寄语——三毛赠言】

“从容不迫的举止，比起咄咄逼人的态度，更能令人心折。”台湾女作家三毛，在书中流露出了自己心中女性的良好形象——不是咄咄逼人的态度，而是从容不迫的举止。兰心蕙质的女人，懂得在沉默中酝酿自己的智慧。而只有粗糙肤浅的女人，才会在外在表现出自己情绪中的急躁和愤怒。要做一个玲珑八面、办事能力强的女人，不妨从言语上开始着手。

第六章

言如其人，做个值得人尊重的女人

每个女人的心中都藏有一个英雄的形象。他战无不胜，在生活中敢于迎接一切的挑战。他柔情蜜意，懂得欣赏女人的温柔与娇媚。他言而有信，从来不会背信弃义违背自己许下的诺言。每个女人都希望得到强有力的保护，希望自己的身边能有一个英雄的守护。然而，在遇到英雄之前，女人也需要用同样的标尺来衡量一下自己的言行。想要遇到优秀的男人，首先就要把自己打造成优秀的女人。

女人也要做到一诺千金，说什么就是什么，绝不耍赖。谁说女人不能一言九鼎，女人也能树立自己的英雄形象。在处理问题的时候，女人不要小看自己，公事公办要果断，做好自己最为重要。即使是办事不利，也要坦然承认，不必为自己找借口和理由。要让人知道，自己漂亮的不止是声音和脸蛋。

说什么就是什么，女人不必耍赖

大丈夫一诺千金，不是说女人就与信守承诺没有关系。女人要学会说什么就是什么，遵守诺言的女人更会得到他人的尊重。不仅如此，做个守信的女人，还可使自己增添几分侠骨柔情。

说话要做到言而有信，将话语对应成现实，确实是有难度的事情。女人将承诺的兑现放在男人身上，都期待着自己能够遇到一个一诺千金的真英雄，然而却不曾想过想要化这种理想为现实，最靠谱的就是从自己开始做起。面对世间的诱惑，女人也应该拷问自己的良心，无论世间怎样变化，是否能依然坚定地恪守自己的诺言。

说什么就是什么，其实是一个再朴实不过的道理。然而，能够真正做到的人，却是少之又少。许多人的一生当中，说过的话有无数，大多是无法实现的空话，随风而逝。只有落地变为现实的言语，才能扎根于大地，给人留下无限的遐想和追忆。而女人要想成就为一个值得他人尊重的人，就要从言语开始打磨自己，挺直腰板生活，说什么就是什么，不必耍赖！

下海之前，赵兰芬做过很多的工作，当过钟点小时工，做过清扫保姆，干过商场售货员，甚至还开过出租车。当时的赵兰芬，年轻气盛，不能吃苦，干什么都急于求成。急于摆脱贫困的她，干过太过体力活，但是都没有太大的进展。于是，赵兰芬决定下海经商，虽然没有任何的资源优势，但是她已经做出孤注一掷的决定，并东拼西凑地凑齐了启动资金。在下海之前，母亲向赵兰芬问了这样一个问题："你知道自己之前的事情为什么都没什么太大进展吗？"赵兰芬迷茫地摇了摇头。母亲说道："因为你之前一天赚够了十块钱就不再做下去了。而且，再做也做不下去了。你知道你缺乏的是什么吗？”赵兰芬摇摇头，说道：“我最缺的就是本钱、是资金。”赵妈妈说道：“不对，本钱是靠人生出来的。你最缺的是人气，生意经就是人气经，没有人气你什么也做不起来。人气从何而来？人气就是要讲一个诚字。做生意和做人一样，你说什么是什么，别人才能信你。只有让大家都信你，人气才能聚集起来。”带着说什么是什么的质朴哲理，赵兰芬开始了自己的生意经。因为自己曾经吃亏于失信，赵兰芬开始重视并且信守承诺。在生意中力争做到说什么就是什么，对待客户和自己的产品绝不马虎，准时送货不延迟是最为基本的要求。诚实守信的态度让她的生意节节攀高。琐碎的服装生意进行了5年，赵兰芬开始准备经营自己的品牌。一批定制的服装，时间紧、批量大，造成了赵兰芬资助周转上的困难。赵兰芬同布料生产商那里有约定在先，每次生产商那里保证质量，甚至每次工厂经理都会直接送布匹过来，而赵兰芬每次验收后都会立即付款。两方信守承诺，也让彼此一起合作了多年，建立了相互的信任。如果此时赵兰芳提出赊账，经理也自己会卖一个面子，可是想到了之前的约定，赵兰芬还是当机立断地否决了这种想法，而是卖掉了自己的私家车来支付货款。这时候布料厂经理十分感动：“赵经理，其实你又何必呢。只要你一句话，这么个面子我还是会给的。”而赵兰芬则说道：“既然是有言在先的约定，我又怎么能轻易打破呢？做生意讲究的就是，说什么是什么。要是言而无信，又怎么能将生意做大做强呢？”

女人要想在社交之中做到言而有信，不妨借鉴一下如下方法。

方法一：持之以恒，坚持诚信

很多人在做事之初，能够坚定自己的信念，做出正确的决定。然而，随着境遇的不断转换，很多人就会随波逐流，可能会背离自己的信仰，抛弃自己的理想。随着时间的流逝，女人的容颜会消逝褪色，然而遵守的诺言，却会因为时间而越发显出金子般的光芒。

方法二：小女人也要一诺千金

女人最厌恶男人的行径，就是满嘴跑火车，说出的承诺却不能兑现。而对于女人来说，既然厌恶这样的行径，那么面对相同的情景，自己就一定要遵守诺言，这样才能获得他人的尊重。大丈夫要君子一言，驷马难追。纵然是小女人，也要有大情怀，要做到说什么就是什么，做事情不能抵赖，要能够一诺千金。

方法三：信守诺言，情比金坚

信守诺言，是一种对他人的尊重，同时也是一种对于自己的尊重。诺言的实现，更多的时候是一种责任。女人的一生当中，应担负起许多的承诺。对于父母，言出必行是一种承诺。对于孩子，信守诺言是一种榜样。对于爱人，一诺千金是一种爱意传递。对于闺密，兑现承诺是一种亲昵的情感。女人的一生在承诺中度过，也会在承诺中幸福。

【名嘴寄语——司马迁赠言】

秦末有一位叫季布的人，他为人谨慎，恪守承诺。答应别人的事情，都能努力做到。当时很多的君子都和季布建立了友谊，彼此之间有很深的交往。后来，季布遭奸人所害，世间很多英雄豪杰，不顾株连的危险全力保护季布。因此，著名史学家司马迁在其《史记》中说“得黄金百斤，不如得季布一诺”。信守承诺的人，自然也是得道多助，能够赢得他人的信任和支持。当自己处于危难之中的时候，也会有朋友向自己伸出援手。

不要小看自己，公事公办要果断

女人天生情感较为丰富，在处理事情的时候容易感情用事。因此，女人在职场中一定要注意公事公办，不能因为自己的私人感情影响工作。千万不要小看自己的能力，女人只要能够脚踏实地地对待自己的工作，就一定会获得属于自己的一片天地。在工作中要积极表现自我，当机会来临时，要相信自己的能力，从容自信地接受挑战。千万不可推三阻四，在领导面前显示出自己的自信不足，给他人犹豫不决的印象。

女人生性善良、心肠太软，凡事都愿意为别人着想，甚至处处顾及他人的感受。在生活当中，这种善解人意的女人，让人感觉到体贴和舒服。但是在工作当中，女人就一定要公私分明，否则会给他人留下不专业、不职业的不良印象。对待下属太过体贴，会让下属产生侥幸心理，做事情没大没小，甚至会恃宠生娇，从而使自己失去掌控能力。女人做事不能公事公办，从情感上过于信任他人，也可能会给自己招来祸患，让自己蒙受他人的背叛。

职场绝对是公事公办的地方，女人切莫在工作中大打感情牌。工作环境中，需要一个和谐的人际关系，但是此种关系的确立都是围绕着工作进行的。如果人际关系过于紧密，超出了工作的范围，也会给自己在职场带来麻烦。尤其是女人，容易冲动且易动感情，也常会和同事建立起办公室友情。如果友情存于生活止于工作，也无可厚非，但若是发展到结成朋党，在工作中共进共退，那实在不是明智之举。

张晶和阮青是大学同宿舍的同学，两个人同时老乡，个性又比较相投，平时在学校里总是同进同出。在毕业之后，两个人又携手进入了同一家广告公司。阮青略长张晶一些，平时对张晶就像自己的妹妹一样。

而张晶在工作和生活当中，遇到的问题都会向阮青请教。转眼她们工作已经有三年的时间。张晶事业心很强，在几年初入社会的工作中积累了很多人脉。然而，阮青在工作中事事都要受到他人的“照顾”，几年下来并没有太大的收获。一天晚上，张晶和阮青一起出来吃晚饭，张晶拉着阮青的手说道：“可能咱们姐妹就要就此分别了。”阮青一脸疑惑地问：“为什么啊？你打算去哪呢？”张晶说：“另外一个广告公司要我过去，可能职位会高一级，可以开始组建自己的团队，薪水也会翻倍，我也想趁着年轻，自己出去多闯闯。我觉得这家公司开出的条件，还是蛮具有诱惑力的。”阮青眨眨眼，说道：“那我也和你一起去。你组建团队也带上我吧，你若离开了，我自己待在这里也没什么意思。”张晶笑着说：“嘿，看机会吧，工作上的事情，还是得看彼此合适。现在你在公司刚立下脚，我还是不建议你出来。毕竟我在那边的公司，就算是开始组建团队，也都是自负盈亏，也具有一定的风险性。”阮青马上说道：“没关系，晶晶。我不怕风险，我就想和你一块工作。”张晶也不好当面回绝，只好说：“到时候看看具体情况吧，有机会的话，我一定叫你入伙。”听了这话，阮青心花怒放。开过一周的例会之后，张晶提交了辞职申请，而阮青也紧随其后申请辞职。主管叫来阮青，说道：“你跟着添什么乱啊？我看你真是不想干了是吧。”阮青对主管说：“有其他公司的团队想要拉我入伙，我打算辞职了。”主管说道：“自己能力有限，还老想着好高骛远。既然你有离开的打算，那我就祝你马到成功。”说着主管气哄哄地走开了。而张晶的辞职信，却有了意外的结果。领导不仅肯定了张晶的工作，同时也开出了高薪进行挽留，更让阮青惊讶的是公司还给张晶升了职，成为自己的直接上司。而阮青已经递交了辞呈，又无处落脚，处于十分尴尬的境地。领导让张晶直接处理阮青的辞呈，张晶找来阮青说：“我们俩虽然姐妹情深，但是工作的事情我就必须公事公办。你把自己在公司近几年的业绩情况作一个汇总，现在你的去留就需要靠你以往的业绩说话了。”阮青走出张晶的办公室，越想越委屈，眼泪不禁开始在眼眶中打转。

一个女人若想不被别人小看，就要善于在社会交往中果敢决断，公事公办，具体方法如下。

方法一：掌握火候，控制分寸

女人在工作中要学会控制感情，掌握和同事之间交往的火候。感情可以在生活中交流，但是一定要止于工作之中。任何带有情感色彩的工作，都可能让自己远离原有的立场，从而给工作带来不便。女人要懂得掌握人际交往的火候，就像是厨房的烹饪一样，盐多一分太咸，少一分太淡。

方法二：自信大方，独立自主

在职场中，女人一定不能小看自己。人潜在的力量都是无穷的，只要抓住时机，适时激发出来，每个人都会拥有属于自己的成真美梦。除了生活之外，女人要给自己留有一个属于自己的工作空间，在工作中释放自己的能量，全力以赴地迎接挑战，千万不要在工作中推三阻四。总之，女人一定要做到自信而大方，独立自主地做出有益于自己发展的职业生涯规划。

方法三：公事公办不是冷若冰霜

人们在职场中最重要的是价值的自我实现。无论在处理任何事情中，都有一个相对固定的原则和规范。想要玩好一个游戏，最重要的就是遵守相应的规则。而工作环境中，最为重要的规则就是公事公办，凭借个人的能力竞争。但是，公事公办并非是女人的冷若冰霜，而是工作中应遵守的最为基本的态度。

【名嘴寄语——袁准赠言】

袁准在《袁子正论》中曾说道："一公则万事通，一私则万事闲。"一语道中了公私之分，说明了公事公办、不掺杂个人情感的重要性。凡事公事公办，遵守应有的原则，那么事情就会变得通畅；若是徇私枉法，那么事情势必遭到他人的闲言碎语，同时也会极大地影响自身的形象。因此，女人在人际交往中，切记要善于坚持原则，公事公办！

谁说女人不能一言九鼎

她们是绕人膝下的女儿，她们是哺育儿女的母亲，同时她们也是生活和事业上执着的追求者。一言九鼎是女人信念和坚韧人格的体现，每一个一言九鼎女人的背后都有一串执着动人的故事。一个女人如果能够坚持信念、恪守自己的诺言，在社交环境中就会赢得他人的青睐。简单的一句言语，能体现出一个人的生活态度和价值观。信誉极高的人，一句话就能推动事情的发展，起到决定性的作用。无论是字字珠玑还是满口的金玉良言，最能赢得对方信任和支持的是一言九鼎。

信守承诺，并不是男人的专利。女人在生活和工作中，也应对信守承诺具有持久的动力和毅力，从而让自己的事业腾飞，获得更多人的帮助和尊重。每每说到一言九鼎，人们就会想起清朝受人尊敬的孝庄皇后。历史上真实的孝庄皇后，在历史进程中，起到了至关重要的作用。单凭政治才干来看，孝庄皇后绝对有实力成为第二个武则天。但是，为了清朝社稷江山的稳固，她一直在幕后充当辅佐。从皇子到皇孙，孝庄在政治风云中不动声色地指点江山。不求功名而是充当幕后的英雄，孝庄皇后始终恪守着自己当初的承诺，堪称一代女性的杰出代表。对此，谁又能说女人不能一言九鼎！

从大局出发的女性，能够摆脱自身的惰性。不但能够担当好辅佐之任，而且还能充当将才。一言九鼎的女人，不但能够兼具女人身上的温柔气质，同时也能拥有将相的果敢和坚定。越来越多的新时代女性涌入社会当中，成为社会建设的中流砥柱。以巾帼不让须眉的气度，赢得了许多男性的赞许和喝彩。女人独立地位的获得，有时代推动的历史回响，同时也是女性自身不断努力奋斗的结果。女人的一言九鼎，让更多的男人对女人刮目相看，更加映衬了她们半边天的独立形象。

作为一家时尚饰品公司的老板，在创业光环的簇拥之下，赵天娇既有着外表上的干练，也有着旁人无法理解的艰辛。20世纪末，在国营企业的转型和升级中，一大批的职工下了岗，成为社会的一批待业人员，赵天娇也是其中的一员。突如其来的生活变革，让赵天娇找不到自己人生的方向和目标。回忆起那段岁月，她在不堪回首之余也有着很多的感慨。那时候，赵天娇的心中只有一个信念，就是要自食其力。当时的赵天娇，为了给自己打气，用红线给自己绣了一个“自食其力”的钥匙扣。这四个字从那时候起，就一直伴随着赵天娇，不靠亲戚、不靠朋友、不靠关系，一切都要靠自己。最终，赵天娇用自己的努力，向别人证明了自己是个一言九鼎的女人。说到自己想要干工厂的老本行，做女性的配饰。丈夫一脸的不高兴，说道：“干了近十年的手工活，还不是把自己给干下岗了。你就待在家里，看好孩子、做好家务，何必出去再找丢脸的事情做？”面对这些，赵天娇坦言：“起初，丈夫并不支持我。可是，既然我对自己许下了诺言，我不仅要干下去，而且要干好、干大。谁说女人不能一言九鼎！”当时，女性饰品还都是一些比较粗糙的机器加工商品，没有自己的品牌，缺乏鲜明的特色，市场占有率不高。赵天娇找到和自己同命相连的姐妹们，开始自己设计产品形象，进行精致地手工加工，并且对商品进行了差异化经营。赵天娇瞄准了精品配饰的市场，设计出别出心裁的配饰，让女性消费者耳目一新。回望从作坊经营到现在的品牌确立，赵天娇感慨地说：“当时，就是和丈夫的一句气话，才塑造了今天的成绩。但是，当时觉得自己说出的大话，就一定要让它实现。女人怎么就不能一言九鼎？既然给自己定下了目标，就一定要坚持完成。也是当初单纯的想法，让自己坚持、执着于信念。”

女人如何做到信守承诺，一言九鼎？可参考一下如下方法。

方法一：一言九鼎气骨傲

生活、事业是女人人生活动中重要的部分，即使是经济宽裕的女人，也建议她们能走出家庭，在事业上释放自己的光彩。事业能为女人提供更为广阔的平台，不仅给女人提供经济独立的机会，更重要的是给女人留下了人格上的独立与尊严。敢于追求事业的女人，大多有一言九鼎的魄力。能够塑造自己独立人格的女人，自然能够有一身的英气和傲骨。

方法二：坚守信念，收获希望

任何事情的起初既充满新的希望，也会充满新的挑战。想要做到一言九鼎，首先是提高自己的诚信度。只有拥有极高的信用，才能让自己的言语充满可信度。做到信誉至上，其实是一种道德的自我约束。在道德修养的道路上，有时也会遇到他人的误解，此时内心只有坚守信念，才能收获最大的希望。

方法三：女子气概最风情

女人们崇拜男子顶天立地的英雄气概，其实女人一言九鼎的气概也颇具风采。人们常说，认真的女人最美丽。能够将自己的精力集中到一件事当中，沉思的姿态、思考的睿智，都是提升女人魅力的撒手锏。男人硬汉的形象迷倒了众多女人，而女子侠骨柔情的气概和一言九鼎的坚定，也会让男人肃然起敬。

【名嘴寄语——大仲马赠言】

“当信用消失的时候，肉体就没有生命。”女人最为愤怒的事情，莫过于男人无法兑现自己的承诺。“你说要带我去旅行的。”“你说要陪我看电影的。”“你说要爱我一辈子的。”……女人希望男人恪守承诺，可以给自己提供最可靠的保障。然而，在要求男人一诺千金的同时，只有女人对自己一言九鼎，才能获得相互的尊重和支持。谁说女人不能一言九鼎，像个英雄一样捍卫自己言语的权威？

刚柔并济地解决问题

在任何时候，战争中都没有绝对胜利的一方。战争中包含了太多的冲突，繁杂的利害关系让双方陷入混战中，给双方都带来了无尽的伤害。而在言语交际中也是如此，言语冲突中没有任何一方会占得先机，无论孰是孰非，其实都会给双方带来很大的影响。女人在遇到问题时，既要坚持自己的立场和态度，同时也要学会刚柔并济地解决问题。

过于软弱的态度，会给对方留下容易妥协的印象；而一味地硬碰硬，则可能造成两败俱伤的情况。刚柔并济地解决问题，实际上是要求我们全面地对待事件，从更适宜的角度判断事件，寻找两全其美的解决方案。刚柔并济是女人一种睿智的处世哲学，说话不说满，做事不做绝。给对方留以更多的空间，也是给自己更多的出路和选择。

刚是女人身上的自信，是一种内心膨胀出的极大力量。刚是女人生活的底气和尊严，也是女人精神世界中不可触及的底线。刚是乘风破浪的勇气，是一种无坚不摧的气概。然而，除了刚强之外，女人的身上更多是一种柔性之美。柔是一种风度，是女人温婉的气质，是女人内敛的姿态。我们常说的“文武之道，一张一弛”，表达的也是同一个道理。女人不能无刚，无刚则不立。然而，女人更不可无柔，无柔则不能亲和。刚柔并济本身就是女人身上坚毅与温婉特质的整合。在言语交际中，女人要学会恰如其分地使用自己的刚与柔两种气度，如此，才能游刃有余地与他人相处。

张宏是一家连锁酒店的经理，平时工作的最大任务就是负责公司整个运营管理。在管理当中，自然是少不了与员工和顾客的沟通。在工作中，张宏慢慢地摸索到，在与他人沟通中刚柔并济最能解决问题。有一次，张宏在开大会的时候发现一个值夜班的员工在打瞌睡。这时候，她略微顿了顿，微笑地面对大家说："在夏季炎热的下午，让大家听我唠叨，可能有点让大家感到困倦。我自知个人魅力不足，因此并不反对大家打瞌睡。但是，有两个安心小贴士想给大家分享：一是姿态优美，不能弯腰驼背；二是保持肃静，不可打呼噜。"话音一落，全场哄堂大笑，让大家的困倦一扫而光。张宏所理解的经营哲学，就是要遵循一张一弛的文武之道。而这种经营观念和沟通方式，也给张宏的工作带来不少的帮助。酒店作为服务行业，对于员工的衣着要求很严格。一次，有一名员工穿着一双九厘米的高跟鞋来上班，虽然在颜色上大致符合标准，但是在款式和鞋跟高度上未免有点过于夸张。正巧在早检时候，被张宏逮个正着。张宏看见这位员工，连忙上前行了一礼。这一礼让该员工匪夷所思，连忙说道："张经理，您怎么给我行礼了呢？"张宏回答说："其实，并不是我给你行礼。只是你的鞋子实在太有个性了，让我不禁对它行了一个礼。"说到分享和他人的沟通之道，张宏总是不紧不慢地向大家道来："其实和别人相处，没有固定的模式和法则。但是，有一些原则一定要遵守。那就是原则性问题绝不让步，但是表达方式要幽默。刚柔并济的沟通方式，才能最大限度上地解决问题。"

如何在交往中刚柔并济呢？女人不妨对下面的方法参考一二：

方法一：说服中巧施"糖衣炮弹"

在与他人言语沟通的时候，一定要注意刚柔并济的原则。尤其是在与他人有不同意见的时候，自己又想要说服对方，此时要刚柔并济，交谈掌握好火候。良好的批评与说服，要像糖衣炮弹一样，易于让他人接受，同时也要有很好的协调效果。千万不要硬碰硬地与对方争辩，就像火星撞地球，虽然能产生巨大的光耀，但是也极具毁灭性。在言语表达上要刚中带柔，确保自己言语能够被他人接受，从而获得对方的理解和信任。

方法二：原则问题不动摇

即使是言语温柔，也要遵循自己的原则，让自己的表达底气十足。在原则性问题上，一定要表明自己的立场，做到柔中带刚。任何问题的解决，都要充分表达出自己的观点。有时候，一些人为了避免与他人意见相左，往往选择了忍气吞声，不敢说出自己的立场和声音。虽然，能暂时风平浪静，但是在以后生活中问题会反复出现，最终会成为困扰自己的一个麻烦问题。因此在交往当中，女人要善于主动出击，言语表达要柔中带刚，在原则问题上绝不动摇。

方法三：审时度势巧选择

在选择刚柔并济的沟通技巧时，一定要注意审时度势，确定目标对象和方案。通过对于他人的观察，确定对方的性格偏好。很多人生性好强，很难接受他人的意见和想法。针对不愿低头的强硬分子，不如退一步，利用女性的柔声细语来打破对方的防线。而对于意见左右摇摆不定的人来说，他们更愿意直接聆听并且执行他人的方案，因此这时候为了确保事情的高效完成，务必采用强势态度向他人来传递自己的意见。

【名嘴寄语——王粲赠言】

“当唯义是务，唯国是康。何者？金木水火以刚柔相济，然后克得其和，能为民用。”王粲的这句话意思是说，懂得刚柔并济的王朝，能够得民心，得到人民的支持和爱戴。而作为芸芸众生，又何尝不是如此？一位懂得刚柔并济的女性，就像是掌握了一种上乘的武功，不知不觉间打通了任督二脉。要成为交际场中的王者，其实并不太困难，不过是急躁时添一点从容，失望时添一点乐观，以刚柔并济的心态去解决和处理工作及生活中的烦恼。

不要说大话，做好自己最重要

有很多人为了吸引他人的注意，常常夸大自己的贡献。其实他们并不知道，在放大自己优势的同时，自己的缺点和劣势也被无情地放大。在多元的社会中，一些人想要竭力地改变自己生活的现实条件，这就促使他们的内心充满了急切的浮躁因子。而对于女人来说，无论世界如何纷乱芜杂，我们都应该遵循自己内心的呼唤，做好自己才最重要。

言语会反映我们的思想，让他人知道我们是怎样的一个人。诚实地做好自己，真实地反映自己的实际情况，能给他人以衡量我们的正确标准。尤其是在工作场合中，实事求是能够更好地促进同事们之间的配合，给予他人工作支持，最大程度地做好工作分工。反之，有时候言语的大话，一方面会招来对方的反感，另一方面也可能给自己招致无法完成的工作任务。这时候，尴尬也会随之而来，不仅无法完成自身的工作，而且影响团队进程，同时也会让他人产生对自己的不信任感。

在踏入工作岗位之前，面试这一环节尤为重要。很多女性凭借良好的个人气质，在面试中过五关斩六将，从而让自己赢得了进军自己理想岗位的机会。也有很多女性，平时就十分努力，但是却经常给自己树立无法实现的目标，导致自己的言语也跟着“发飘”。在工作面试中，切忌空说大话、言语浮夸，企图蒙混过关。其实，无论在工作还是学习中，发掘自己独特的一面，发扬自己的价值最为重要。探究“大话”背后的心理根源，其实还是对于自己不够自信，从而造成的语言失真。

李妍就读于一所普通大学，和所有毕业季的学生一样，在毕业后积极投身到了找工作的浪潮当中。校园宣讲会、网络简历投递、社会招聘会等，李妍不放过每一个机会，各个招聘的场合中，都会出现李妍忙碌的身影。但是一个多月过去了，李妍还是没有收到任何的回复。想着自己身边有太多的名牌大学学生和自己一起竞争，李妍的身上不免形成了无形的压力。焦灼的李妍，开始检讨自己的行为，她觉得自己没有得到关注的关键，就是因为自己资质平平，简历上的学历还有个人经历都没有什么亮点。于是，李妍开始更改自己的个人简历，虚构了一些并不存在的学习经历和实习项目。一周之后，有一家公司打电话给李妍，让她前来面试。终于接到面试通知的李妍，感觉欣喜若狂。脱下休闲装，换上正式的商务装，李妍带着新做好的简历，来到了公司面试。面试开始了，这是一次集体面试，有五位同学同时参加。工作人员倒了五杯水，其他几位同学拿起面前的水杯就开始喝起来，而李妍没有自己喝，而是将水递给了离自己最近的面试官。面试官看着李妍，略略点头微笑。在面试中，李妍表现良好，踏实的态度让她脱颖而出，于是进入到第二轮的单独面试当中。首先，李妍应面试官要求对自己的个人经历和受教育情况进行简单的个人描述。由于在之前，李妍已经进行了简历修改，李妍的描述显得很丰满。可是，面试官却略皱眉头看着她，使李妍心里不禁咯噔一下。不出李妍所料，在她描述完之后，面试官提问说，根据你刚才的描述，你说自己参加过很多的实习项目。那么，现在能否请你就自己参与的项目，选择一个让自己受益匪浅的工作事例，让我分享一下你自己的得失感受。没有丝毫工作经验的李妍当时就懵了，完全不知所措。说话毫无逻辑，乱说一通，让面试官十分不满意。面试官说道，我们早就收到了你的简历，觉得你虽然不是出自名校，但是做事踏实认真，应该是一个有很高培养价值的人才。但是，你今天的经历描述和你之前发的个人简历毫不相符，让我感觉不知道哪个才是真正的你。对于毕业生来说，我们并不是要求她是全才，也不太看重她曾经有的经历。我们重视的是她的品格和个性，还有就是潜力和可塑性。你这样前后不一致的表现，让我们公司无法产生对你的信任感。

我们也知道，很多普通学校的学生，觉得自己没有太高的竞争力，于是会篡改自己的个人信息，但实际上很多时候，我们从业多年的人一眼就能看出你们要的小聪明。所以，在今天略微感到有点失望。实在抱歉，我们不能录用你。如果有机会，我希望你能还原以前真实的自我。一席话，让李妍羞愧不已，机会也就是这样和自己擦肩而过了。

如何做好真实的自己，赢得他人的信赖和尊重以及人生中各种良机？女性朋友们不妨关注一下如下方法。

方法一：诚实女人最动人心

女人的诚实、坦率，最能赢得对方的尊敬和赞美。在社会交际场中，相互之间的坦白诚实，能够加速人们之间的交往频率，同时也能让人们提高交往的效率。以诚实的态度与他人交谈，能够给对方留下诚恳的印象，消除不信任感和提防心理。

方法二：少放空话多行动

古语所说“大丈夫一言既出，驷马难追”，旨在表明大丈夫宽广的胸襟和重视承诺的道义。而对于女人来说也是同样重要，少说空话多行动，是在社交场合应该遵循的原则。女人要懂得有一说一，不要给自己“放卫星”，以致养成浮夸的坏习惯。

方法三：女人真心真自我

世界纷乱芜杂，充满着太多的诱惑和挑战。很多女人为了满足自己的欲望和需求，不择手段甚至在社交场合中极力迎合他人的要求。其实，这样做完全是没有必要的，女人只有展示真心才能实现真自我，才能更加打动他人的内心，给他人留下真诚的好印象。

【名嘴寄语——巴甫洛夫赠言】

著名科学家巴甫洛夫说："无论在什么时候，永远不要以为自己已经知道了一切。不管人们把你们评价得多么高，你们永远要有勇气对自己说：我是个毫无所知的人。"真诚的女人，是最能打动人心的类型。与其"打肿脸充胖子"，不如适当地放下自己的全能形象。与其说出大话，让自己陷入不必要的难堪之中，不如坦诚地接受自己的无知，承认自己的劣势，缩短和他人之间的距离，做最真实的自己。

漂亮在于给人内外兼修的美感

造物者在造物时，给了女人最漂亮的面容，给了女人最善良的心智，给了女人如水的肌肤，然而也给了女人脆弱的内心。在经历生活的艰苦磨砺之后，女人的脆弱并不等于软弱，女人的漂亮也绝不是动人的声音和迷人的脸蛋。漂亮的女人，是造物者送给世界的最好礼物。漂亮的女人，在拥有更多机会的同时，也面临更多的挑战。如何打破“花瓶”的界定？如何打破他人以貌取人的固有偏见？漂亮的女人要告诉他们，我们不仅长得漂亮，同样也会活得漂亮。

漂亮的女人懂得掌握分寸，懂得包容他人的错误和批评。人际交往当中，最忌的就是“激流勇进”的说话技巧。有人说女人是情绪化的动物，而自身的情绪也常常成为影响女人生活交际的难关。然而，漂亮的女人懂得恰当地掌控自己的情绪，就像是手艺高超的厨娘，懂得利用火候烧出最为可口的饭菜。

漂亮的女人懂得给他人留面子，给自己留退路，绝不会因一时鲁莽，让自己陷入进退两难的境地当中。沟通的目的，是为了让双方更好地了解彼此，以达到增进感情的目的。漂亮的女人，不会把交际场中的交谈当作是“圈地运动”，为此牺牲自己的快乐和真挚。漂亮的女人，会懂得在彼此之间真诚的对话中，把每一个交流的过程都当作自身吸收营养的过程，会把每一个字眼当作最为婉转的音符，让每一次交谈都奏出动人的旋律。

聪明的女人，不仅有赏心悦目的外表，同时也有睿智动人的智慧，内外兼修的美感，会给人留下过目不忘的印象。20世纪30年代，经济危机席卷了西方国家，美国不好的经济形势也影响了人们的日常生活。贫困的生活总是给人带来无尽的抱怨和伤感，然而睿智的女人却懂得在挫折和磨难中如何让生活继续变得漂亮和快乐。

凯瑞是一家小学的教师，漂亮的外型和身后的修养，从未让她沦为“花瓶”的代名词。一天早上，当凯瑞来到教室，嘈杂的嬉笑声让她加快了前行的脚步。班上的迈克被其他的同学团团围住，四面八方涌来的嘲笑，让小迈克不禁低下了头，满脸的羞愧。“迈克穿着女孩鞋，迈克穿着女孩鞋！”同学们围在一起，唱着改编的歌谣，一个个笑得不亦乐乎。原来是迈克脚上的一双鞋给他带来了同学们的嘲讽。迈克的家庭和经济危机中的其他家庭一样，陷入了贫困当中，家里面孩子很多，父母微薄的薪水显然不够给予给孩子们体面的衣着。迈克脚上穿着一双绛紫色的尖头鞋，微微隆起的后跟昭示出这双鞋子原本应是一双时髦的女士鞋。凯瑞并没有当众批评其他的孩子，而是如往常一样，整顿好秩序开始一天的课程。这一天，凯瑞讲述的是牛仔的发展史，牛仔神奇的风俗和特立独行的信仰，让在场的孩子们都瞪大了双眼，认真地聆听，不时地发出“酷”的赞叹。凯瑞边走边讲，走到迈克身旁时，惊奇地指着迈克的鞋子说道：“哇，大家快看迈克的鞋子。”正在因为自己鞋子被大家嘲笑的迈克，一下子又陷入了尴尬中，他羞红了脸深深地低下自己的头。凯瑞故作惊奇地问道：“迈克，你的鞋子是从哪里来的？大家快来看，这就是正宗的牛仔鞋。独一无二的款式，正是牛仔们最喜欢的。”这时候，大家又是一拥而上，然而并不是为了嘲讽迈克，而是为了亲眼目睹牛仔鞋的风采。迈克终于绽放开了自己的愁眉，对着凯瑞露出了会心的微笑。隔年的春天，美国的经济和春天的花花草草一样，得到了复苏和生长。又一次渡过了经济危机的人们欢欣雀跃，自信满满地准备开启自己崭新的人生旅程。此时，凯瑞收到了来自学校的晋升信件，信上写道：“凯瑞，你的漂亮打动了校方。你让我们见识到了女性的漂亮，不仅仅是在脸蛋上，更是在内心当中。在此，我们诚挚地邀请你能够加入校方的管理层，把更多的美丽播散到校园当中。”

女人不是因为漂亮才可爱，而是因为可爱才漂亮。那么，女人怎样才能在社会交际中让自己变得可爱漂亮呢？

方法一：睁只眼，闭只眼

很多女人在做事过程中，一直是秉承着“一五一十”的做事态度。无论对待任何事情，都是刚正不阿地保持严肃谨慎的作风，尤其是自身利益受到威胁的时候，通常是抱着一定要查出个“水落石出”的态度，让自己扮上了“包大人”的角色。生活不是断案，更不是悬疑片，没有必要把一切都上纲上线，让自己变成一个冰冷的女侦探。在生活的言语当中，多几分糊涂，少一点较真，不会减损自己的一丝魅力，反会为你的漂亮加分。

方法二：得理也要饶人

从外表而言，女人的漂亮一般体现在精致的妆容，毫不含糊的配饰，有型有款的服饰。漂亮仿佛是女人与生俱来的天赋，然而，女人也要学会除了漂亮的外表，加上一副漂亮的胸襟。女人要学会，得理也饶人。如果发现了对方的失误和缺失，不要急着让对方难堪，温和地接受对方的道歉，也是女人漂亮的一种表现。反之，让对方颜面无存，绝对不会给自己的颜面增添多大光彩。

方法三：漂亮女人要善于耍“花腔”

漂亮不仅要学会用衣着抓人眼球，同样也要学会用言语抓人“心房”。漂亮女人要学会“耍花腔”，用恰如其分地言语来赞美他人，用风情万种的话语来传递内心的呼唤，用魅力四射的言语安慰他人。“耍花腔”是用良好的言语素养提升自己的魅力指数，通过言语缩短与对方的距离，告诉他们，女人的漂亮并不是仅仅在于声音和脸蛋。

【名嘴寄语——莎士比亚赠言】

“女人啊，华丽的金钻，闪耀的珠光，为你赢得了女皇般虚妄的想象。”莎士比亚的一席话告诉大家，没有内涵的女人，不仅不能够掌握与他人交往的长胜之道，反而，她美丽的容颜和银铃般的声音，只能成为她无知的标志，只能成就自己虚妄的想象。而睿智的女人，懂得让自己的魅力由内而外地绽放出来，让自己不仅外在漂亮，同样也有内在之美，成为名副其实的内外兼修的美女。

办事不力，不要找借口开脱

格兰特纳是享誉全球的美国成功学家，他曾经说过这样一段话：如果你有自己系鞋带的能力，那么你就有上天摘星星的机会。格兰特纳的这段话，再次强调了人们之间能力的差异是微乎其微的，而每个人对待周遭事物的态度就决定了最终事情的结果。女人在工作和生活中，也一定会有这样的经历，当人们遇到无法解决的事情或者是在错误情况出现时，众人的反应不是拿出解决方案，而是彼此推脱责任，找借口为自己开脱。

我们常说，男人宽广的胸襟就在于男人有责任感且有担当。而女性在事态面前，则容易表现出惊恐和退缩。其实，情况恰恰不是如此，现如今更多的女性，敢于从幕后走向台前，担当起自己的责任和义务。她们恰恰是“不为失败找借口，只为成功找理由”这一励志话语的新代言人。如果女性不敢为自己的失败担当，而总是乐此不疲地为此绞尽脑汁撇清责任，那么这样的人久而久之就会受到他人的不信任。

优秀的女人会和自己的队友并肩作战，不会在失败中逃避自己应负的责任。她懂得从自己的失败中积累经验，学会突破人生中一个又一个难以征服的高峰。在生活中，不少人在交际中，把宝贵的时间都花在为自己辩解和摆脱责任上。生活中有收获就有担当。作为社会中的一个角色，我们从出生开始 ，就注定要为自己和他人恪守一个诺言，尽上一份职责。聪明的女人，不会在交际场合轻易就摆脱对他人的责任，而是会认真细致地聆听。将他人的批评，化作润物细无声的养料，鞭策自己成为更完美的化身，让自己不断地前行。

勇于承担自己和家人的责任，是一个女人摆脱少女稚气、走向优雅成熟的标志之一。放眼古今，人们获得生活成功的大小，和他肩膀上所扛起的责任是成正比的。

1920年春季的一天，万里无云，温度适宜，没有狂风，正是适合户外运动的好天气。一个女孩和她的伙伴们，在家附近的空地上玩起了篮球。姑娘们玩得十分起劲，欢笑声、欢呼声一浪高过一浪。一不小心，女孩将球抛出了界外，而球恰巧击中了隔壁邻居的窗子。这时候，屋中的主人跑到室外，大声呵斥着对面玩球的姑娘们。大家一看便纷纷闻讯而逃，女孩走到屋子前低声向房子主人认错。可是，房子主人十分固执，并没有接受女孩的道歉，并且说让女孩按照原价进行赔偿。女孩十分委屈，一路哭着跑回了家。这时候一起玩耍的小伙伴又都冒了出来，相继询问女孩事情的结果。大家七嘴八舌地建议女孩，不要再去主人家，也不应该把发生的事情告诉家人，否则少不了又是一顿训斥。不如，假装事情没有发生过，事情也不会被别人知晓。然而，面对朋友们的众多意见，女孩还是选择自己承担犯错应有的代价。等母亲回到家中，女孩哭着把自己的经历讲述了一遍。然而，母亲并没有因为女孩年龄尚小，而额外开恩。母亲沉着脸，严肃地对女孩说，既然是自己闯下的祸，就应该自己对事情负责任。晚饭前，女孩来到被砸坏窗户的主人家，说道："我现在虽然不能拿出钱来赔偿您，但是我愿意用自己的劳动来换取赔偿金。"没想到房子的主人欣然接受了女孩的解决方案，说道："既然如此，那么就需要你在我这里打工来换取窗户的赔偿。"于是，女孩一边上学，一边在房子主人家帮工，终于在一个月后偿还完了自己的赔偿金。一个月的经历，并没有让女孩怨恨任何人，而是懂得了一个再简单不过的道理，那就是：想要获得他人的尊重，首先要学会对自己负责任。多年以后，正是在房子主人的帮助下，女孩凭借着对工作强大的责任感，创建了自己的品牌，成为一位有名的企业家。事后回忆自己的创业历程，由女孩成长为女人的她说，正是面对一切勇于担当的决心，成就了她今后源源不断的勇气和动力。

有担当，不逃避，往往会让女人在生活中和工作中令人刮目相看。具体怎样去做呢？可参考如下方法。

方法一：严禁“不关我的事”

在生活和工作当中，发生了意外的失误，我们总是习惯地说“这不关我的事”、“当时，我没有在现场，这不关我的事”、“我是新来的员工，这个事情并不在我的工作范围，这不关我的事”、“我最近身体不好，所以不关我的事”。女人在嘴一张一合的过程中，虽然将自己和错误瞬间撇开了联系。但是，长此以往，你会发现，岗位晋级已经不关你的事，带薪年假也不关你的事，加薪分红更不关你的事。与其逃避，不如担当，言语上要记得严禁“不关我的事”。

方法二：美女我很忙

父母的生日忘了，男朋友的礼物忘了，孩子的要求忘了，忙忙碌碌的生活让我们忽视了他人的感受，也给我们提供了一个最好不过的借口。作为一位美女，我的确很忙。忙着上妆，忙着应酬，忙着购物，忙着旅行。可是，身为美女的你，一定不能忘了工作赋予你的责任。一旦办事不力，不要推三阻四，大胆开口谦虚承认，绝对不会花了你的粉底，晕了你的睫毛，毁了你的妆容。

方法三：别了，拖延症

工作拖延症是困扰都市白领的重要疾患之一。不到最后不动笔，不到最后不出稿，不到最后不出图。然后，马马虎虎、错误百出，一切由于时间紧张而粗制滥造，最终带来的恶性循环都会无不留情的接踵而至。那么，与其事发之后为自己的失误找借口，不如在一开始就给自己充沛的时间来构思和检验。积极的做事态度，良好的工作习惯，都会为我们的生活加分。

【名嘴寄语——西点军校赠言】

在美国著名的西点军校中，有一个优良的传统。当军官向学员提问时，只能有四种回答：“报告长官，是”、“报告长官，不是”、“报告长官，不知道”、“报告长官，没有借口”。除此之外，如果多说一个字，就可能遭到军规的处罚。有数百年历史的西点军校，身体力行地向学员们传达出一个理念：要竭尽全力，想办法解决问题，而不是推脱责任，为自己找借口。正是凭借这一理念，西点军校的学员在人生的各个领域都创造了非凡的成就。

第七章

妙词佳句，做个有才情的女人

女人不仅要有光鲜亮丽的外表，更要有丰富的内涵。虽然不能琴棋书画样样精通，但是却可以多多阅读，增加自己的个人修养。要提高自己的见识，不是一朝一夕就能做到的，需要经过长年累月的努力，才能达到。女人提升自己的内在美，能够影响自己外在的仪表，从而让自己由内而外都散发出迷人的气质和风采。

女人要增添自己的魅力，首要的是克服狭隘。女人诚然要关注细节，但更重要的是要通过关注宏观动向，来培养自己宽广的心胸和情怀。在言语表达上，女人不要与他人斤斤计较，要说得直率，活得大气。有时候，表面上看起来是吃亏，实际却是大智若愚的表现。在生活中，女人不妨多来点幽默，少来点抱怨，插科打诨论是非也是一种解决问题的方法。

才华要勇于“喷涌”而出

在生活中，我们常常听到这样一句话：酒香不怕巷子深。很多人认为，在生活中是金子就终究会散发出自己耀眼的光芒。甚至很多女人认为，自己只要恪守自己的原则和本分，有一天幸运之神终究会降临在自己的头上。其实，人生就像一个舞台，并不是每个人都有机会在舞台上充当主角，成为聚光灯下最为闪亮的明星。所以，在人生中我们应该主动找寻机会，表现出人生最为精彩的一瞬间。

对于女人来说，抓住机会，让自己的才华喷涌而出尤为重要。上帝给予女人最美的容颜，但是却让这美丽因时间而流逝。很多女人生性害羞，怯于在他人面前表现自我。对于性格内向的女性来说，想要活出人生的精彩，首先就要给自己勇气，敢于面对他人的目光。尤其是在工作岗位上，只有勇于展示自己才能的人，才能更容易发挥自己的潜能，给他人留下深刻的印象。

女人的一生就像一朵花，在不同的时期，有不同的韵味和魅力。女人也应该像花朵一样，无论在什么时期都要学会在枝头上尽情地绽放自己的光彩。女人要学会向他人展示自己的才华，以积极地姿态应对生活中的困难与挫折。当然，在展示自己的才华的时候，女人们也一定注意不可过于锋芒毕露，要掌握好表现自己的尺度，才不至于遭到他人的反感。

原本在家乡有着稳定生活的王丽，在工作第三年念头，毅然辞去了让很多人羡慕的工作，只身来到了北京，想要在事业上争取更大的发展空间。刚进新公司的时候，王丽就为自己的职业生涯设计了美好的前景。三年之内在工作中拓展自己的人脉，五年做到创意总监。可是，这样的职业计划对于初级文员王丽来说，确实是很难做到的。刚进公司的时候，王丽刚好赶上公司的征文比赛。王丽看准了，这是个展示自己写作才能的好机会，于是充分发挥自己的诗歌特长。最终，王丽凭借自己的才华，一举获得了征文比赛的亚军。正像大家说的一样，良好的开端等于成功的一半。自从王丽在比赛中展露了自己的才能后，部门的同事都对王丽刮目相看。正是这个良好的开端，让王丽从众多新人中脱颖而出，使得公司的很多同事记住了王丽的名字。在此之后，王丽又参加了演讲比赛。王丽的演讲词文采飞扬，现场演讲更是声情并茂，打动了很多人的心。王丽又一次抓住了展现自己才能的机会，给在场很多的领导留下了深刻的印象。时间悄然而逝，转眼间在新的公司，王丽已经干了半年时间了。正是因为前几次比赛的出色表演，王丽被选举为年会的主持人。王丽在年会上表现得大方得体，良好的口才和应变能力受到了大家的一致好评。王丽利用各种机会来展现自己的才华，使得她在很大程度上扩充了自己在公司的人脉。很多同事因为知道王丽文笔了得，于是纷纷向王丽讨教写文章的技巧和方法。就这样，王丽在充实和忙碌中，度过了自己第一个工作的年头。年后，公司的岗位发生了很大的调动，王丽被调到了总裁办公室，直接负责总裁与各个部门领导之间的对接。刚进公司一年的王丽，就从一般的职员调进了总裁办公室，对于新人来说是实在是一个很好的锻炼机会。身边的同事，都对于王丽的工作调动感到羡慕不已。原来，在王丽参加演讲比赛的时候，公司负责人力分配的主管就对王丽有着很好的印象。当总裁办公室出现空缺的时候，自然想到了各个方面条件都很出色的王丽。王丽看似平步青云的晋升之路，其实正是因为王丽勇于展示自己，才让人力部门的领导发现了她身上的潜力。

可见，女人在社会交往中要善于自我展示，这样才能获得更多的机会。具体方法如下。

方法一：树立自身的信心

在工作和生活中，女人要学会向别人展示自己的才华。首先，女人要学会培养自己与众不同的才华和气质。只有充实了自己的才华，女人才能由内而外地散发出独特的魅力。而拥有才华的女人，还要学会以恰当地方式表现出来，不要让自己的才能和魅力都淹没在芸芸众生之中。要学会努力地争取属于自己的机会，让自己拥有强大的气场。

方法二：秀出自己，我最闪亮

很多时候，女人不敢秀出自己，往往是因为对于自己的能力没有信心。我们常说“玉在雕琢”，其实每一次勇敢地自我展示，都是让自己趋于完美的过程。每一次勇敢地秀出自己的才华，都是让自己不断充实的过程。只有不断地秀出自我，才能让他人感受到自身的独特魅力。而女人在不断表现自己的过程中，也会找到自身和他人之间的差异，从而不断地完善自己。

方法三：霸气外漏要有度

在生活当中，不乏有这样的女人，她们目标明确，懂得抓住机会充分地展现自己的才能。然而，女人在表现自己才华的时候，也应该注意要把握一定的尺度。过度地展示自我，会让自己不容易融入身边的群体，甚至有时候会激起他人的嫉妒之心，从而引发他人对自己的排斥心理。即使是自己内在的能力十分强大，也要注意有所保留，不要招致他人的非议。女人在表现自己的时候，要学会分清场合、看清形式，不要让人觉得自己的功利性过强。只有懂得掌握分寸，才能实现水到渠成。

【名嘴寄语——罗曼·罗兰赠言】

“一个人的性格决定他的机遇。如果你喜欢保持你的性格，那么，你就无权拒绝你的机遇。”在机遇面前人人平等，我们都有享受机会的权力，但是往往勇于表现自我的人，能更有力地抓住机会。他们不会扼腕感叹自己生命的不如意，他们只会以最为勇敢的姿态站在人生的聚光灯面前，让自己成为最为闪耀的一分子。

话可以说得直率大气

女人真正的美丽，不仅仅源于光鲜亮丽的外表，更源于内心的修养。直率而大气的女人，在与他人的交往中，会让人感到轻松自在。女人说话直率大气，不会纠缠于他人言语的细枝末节。与说话直率大气的女人交往，不用小心翼翼、思前想后，尽可以在她们面前吐露自己的烦恼。

由于性别上的差异，形成女性在解决问题时，更容易运用自己的感性思维。女性在处理事情的时候，心思更为细致。但是在遇到不公正待遇的时候，不妨告诫自己，话可以直率大气地说出来。女人要敢于走自己想走的路，过自己想过的生活。即使遇到心中的不平之事，遇到不淑之人，女人们也要敢于直率大气地说出自己心中的不满，敢于直面生活中的无奈，能够积极乐观地从正面解决问题。

说话直率大气的女人，拥有海阔天空的胸襟。生活中总是充满了不如意和不满足，说话直率大气的女人，懂得用持续的努力来代替无休无止的抱怨。女人的直率大气体现在包容的胸怀，她们不会盲目地随波逐流，也不会盲目地进行物质上的攀比，而是用一颗平常心，去看待世间的万物，细细品味其中的美好瞬间。她们懂得用睿智的心态去看待生活中的点滴，不会因为暂时的失败而丧失自信，也不会因为一时的成功而迷失自我。

张岩和刘爽从大学起就是闺密，张岩个性活泼率真，是个典型的东北女孩，而刘爽温柔可人，是个典型的南方女孩。在寝室中两个人性格最为互补，几年的大学生活，让两个人成了无话不谈的好朋友。大学毕业后，两个人都在大学所在的城市工作、恋爱，最终都幸福地走进了婚姻的殿堂。两个好朋友常在周末的午后，聚在一起享受下午茶。然而，近来刘爽的心情却一直很低落。原来，这个月正是世界杯上映的时候，刘爽的老公没日没夜地守在电视机前。刘爽看着老公每天挂念的只是足球，觉得自己受到了冷落。可是，因为电视而吃醋，连自己都觉得小题大做。既然不能在言语上表达出来，刘爽也只能在其他的方面来释放自己压抑的情绪。“今天怎么又回来这么晚”、“上周我不是和你说了，今天要加班，为什么不去接我”、“最近，你工作状态怎么那么差呢？一天就知道偷懒。真拿你没办法”，生活中琐碎的事情，都成了刘爽抱怨的对象。张岩看着刘爽一张脸愁眉紧锁，于是就问道：“最近怎么了？难不成又和老公吵架了？”刘爽一看被好朋友看穿了情绪，便回答说：“是啊，最近好烦。总是和老公吵架！”张岩说道：“那是什么原因呢？”刘爽说道：“哎，还不是因为世界杯呀。他整天就知道看世界杯，一点儿陪我的时间都没有了。”张岩笑开了花，说道：“哎，我还当是什么事呢。原来，你在吃大众情人的醋啊！”刘爽连连点头说道：“你看你怎么一猜都中了呢！”“其实，这个事情你不妨换一种思维。有时候，不妨直率地说出自己的想法。”张岩对刘爽说：“其实，关于世界杯的事情，在我家也发生过矛盾纠纷。后来，我直接和老公商量，以后每逢世界杯，我就在家大摆筵席，让他的‘狐朋狗友’到家里陪他一起看。我呢，就回家看看老妈，逛逛街，把这个属于男人的节日留给男人们自己过。很多事情只要挑明了说出来，就能得到很好地将其解决。我觉得有时候，与其自己在一旁纠结，不如大大方方地把事情摆在台面上来讨论，反而能得到很好的解决方案。”刘爽听了恍然大悟，打算回家也对老公实行新政策。

可见，生活中女人不妨学着直率大气一点。至于技巧可借鉴下面的一些方法。

方法一：言语上包容大度

在生活当中，有很多的事情都不值得我们过分去计较。大气女人内心宽容大度，同时也为自己打造了强大的气场。大气女人说话直率，做事情不拘小节，从来不喜欢斤斤计较。要做大气的女人，不妨从言语表达开始，塑造自己包容大度的个人形象。做事情的时候，女人不要太过拘泥于事情的结果，不妨认真地享受整个过程，也能让自己收获生活中多姿多彩的美好世界。

方法二：打开心扉学换位

想要提升自己直率大气的魅力指数，首先还是要从打开自己的心扉开始。学会对世界坦诚，学会对他人坦诚，但是最为基本地还是要学会对自己坦诚。看清自己身上的弱点和缺憾，找出自己最为擅长的优势才能。在面对他人的时候，要学会用换位思考的方法，学会读懂他人的内心世界，给自己一份心灵鸡汤，净化自己浮躁的内心，撕去自己虚假的伪装，剩下的就是直率和大气。

方法三：接人待物须真诚

对于女人来说，言语上的直率大气是来源于内心的真诚。女人在接人待物时，要把以诚相待作为自己行为的一个衡量标准。对于他人真诚，其实也是对于自己的诚实。人生寥寥数载中，能够按照自己的想法行事，能够按照自己的内心表达，其实是一种宝贵的经历。对于每个女人来说，直率大气的言语，既是生活的一种释放，也是自我内心一个净化的过程。

【名嘴寄语——契诃夫赠言】

“按照生活本来面目描写生活。它的任务是无条件的、直率的真实。” 俄国著名文学大师契诃夫提出，只有直率地还原生活的作品，才是具有生命力和感染力的作品。而我们生活在现实中的人又何尝不是这样，直率大气地说出内心所想，以真实坦率的方式对待人生，才能收获属于自己的真实世界。

情可以谈得大智若愚

愚蠢的女人会在不恰当的场合，不顾一切地去批评别人，企图以此建立自己的威严。殊不知这样的人，在他人面前留下的只是粗鄙和浅薄。聪明的女人懂得在恰当的场合，温声细语地提出自己的意见和想法，在面对面地沟通中找寻彼此心灵间的共鸣，在看似简单的话题中，完成彼此之间的沟通，达到传递信息的目的。一切笃定的信念和态度，都在大智若愚的谈话中得到了最为适宜的表达。

爱人之间相处绝对是一门哲学，两个人之间的沟通与相处，如何拿捏火候，如何控制节奏，如何调整距离，这些都是女人在生活中应该探索的秘籍。有些女人在事业上呼风唤雨、平步青云，但是在生活中却只能孤身一人，在孤独中暗自终老。有些女人在事业中成绩平平，但是却拥有令人羡慕的婚姻生活。在越来越激烈的人生竞争中，我们如何能将爱情与事业放在生活天平上，保持人生的平衡，成为女人一生都在探索的答案。

其实，不仅在工作中可以发挥大智若愚的处事哲学，与爱人之间的情也可以谈得大智若愚。爱情中少一点计较，多一份忍让；少一份猜忌，多一份沟通，在大智若愚中品味生活的趣味。生活中不仅有成功的喜悦，也有失败的叹息。爱情中不仅有甜蜜的情话，也有不快的争吵。用大智若愚的心态去对待，做一个学会调节生活的女人，让生活中处处充满乐趣。

两个人相处时间长了，发生摩擦也是生活中必然的现象。聪明的女人懂得大智若愚的道理，会将生活中的争吵变成两个人生活甜蜜的催化剂。然而不懂说话的笨女人，只会让吵架的硝烟不断地蔓延，最终伤害彼此之间的感情和相互的信任。我们不妨来看看，在生活中两个人之间经常碰到的一些小问题、小摩擦。“我的袜子哪去了？”忙着上班的老公，一脸焦急地问着。还在被窝里享受美好时光的老婆，睡眼朦胧地说：“就是前面那个柜子里，倒数第二个格子里面，左手边的位置。”老公将所到之处都翻找了一遍，留下了一地的狼藉，还在一旁满脸不耐烦地问道：“在哪啊？你看你东西放的，我根本找不到。”被窝里的老婆忍无可忍，一步走到柜子前，一下就找出了老公的袜子：“你看看不是在这吗？就在眼前你都看不见吗？真受不了你！”忙着上班的老公一股怒气涌出，于是恶语相向，两个人就开始了争吵。生活中的琐事应付不止，老公又来干涉老婆的生活：“你的朋友的衣着打扮怎么那么奇怪啊？而且有时候喜欢说别人的坏话，有时候就像个长舌妇。”“你说谁呢？就你的那些狐朋狗友好，看看他们一天天地不思进取，我看和他们在一起也没有什么宏图大志。”于是两个人的唇枪舌剑又开始出现。生活中令人烦忧的小事比比皆是，为何不放下这些烦恼。生活和谐的规则不过是大智若愚的智慧，明天早上将袜子准备好，放在老公的枕边。一个贴心的小动作，看似是认输的表现，然而却能让倔强的男人瞬间被收服。对待老公对自己朋友的评价，不妨先承认朋友的缺点，再把朋友的优点展现给他，以显示自己和朋友之间的情谊。看似愚笨的认输行为，却能让老公感到自己是个重感情的人。聪明的女人学会向男人示弱和认输，看似愚笨的表现背后，却满足了大男子主义的控制欲望，让他们瞬间变得服服帖帖。

生活中处处蕴含着智慧，女人不必事事太过较真，适时的大智若愚会让你显得更美。

方法一：放下女王尊严，何必较真

在生活中有太多美好的瞬间，值得我们珍藏。生活中有太多美丽的心情，值得我们相伴。何必将灿烂的人生，交付于那些纠结的过去和一些无谓的对与错。尤其是与爱人之间，对错与输赢又何必看得太重？人生如此短暂，两个牵起手一起向前的人，又何必那么较真。女人不如放下自己的女王尊严，用大智若愚的生活哲学，看待生活中的烦恼。

方法二：不要抢爱人的话头

在吵架的混战中，女人总是喜欢抢夺男人的话头，以便让自己处于主动出击的状态。女人吵架的时候，总是不让男人把自己想说的话说完，以为男人多说无非就是无聊的解释和反复的承诺。其实，为何不耐心倾听爱人的心声，在聆听中加深对于对方的理解。同时，在倾听的过程中，也能让自己平抚心中的怒火，让自己处于冷静的状态。

方法三：远离冷嘲热讽

很多女人口齿伶俐，尤其在吵架的时候，女人的语言能力就得到了充分的体现。让人哭笑不得的冷嘲热讽，含义无限的对比映衬，实在让男人无法接招。冷嘲热讽给爱人带来的伤害通常是无法估量的，有些话一旦说出口后，能极大地伤害爱人的自尊心。冷嘲热讽在任何时候都不是女人机智的表现，这只能伤害到爱人的自尊，从而引起他的愤怒。

【名嘴寄语——苏轼赠言】

大词人苏轼曾经说过：“大勇若怯，大智若愚。”古人对于含蓄的生活智慧推崇备至。才能很高但是却能不露锋芒，表面上看起来好像有点愚笨，这样的女人正是我们所说的大智若愚。生活中多一点包容，多一点忍让，拥有美丽的外表、内心的智慧、良好的工作协调能力，却毫不张扬，低调做人，这正是让人钦佩羡慕的完美女性形象。

深入浅出表道理

伴随着自身的不断成熟，女人渐渐会发觉自己如花的容颜并不能帮助自己解决一切问题。生活中太多的问题和烦恼，都需要自己的智慧来调节，同时也需要自己的冲动为之埋单。没有坚实的人脉，没有过硬的学识，那么个人能力的展现和梦想的实现似乎就无从谈起。语言是思想的外化，通过语言可以让彼此陌生的两个人吐露心扉，成为真诚的好友。没有沟通，就不能实现信息的交换，也不能实现感情的交流。

很多女人学识渊博，自小就博览古今群书。然而，学富五车的女人最容易走进“掉书袋”的误区，在言语中习惯地加入很多的典故，让他人听起来总是一头雾水。这不仅不能让对方感到自己学识的渊博，反而会让人觉得有卖弄知识之嫌。尤其对于女人来说，在言语中过度地展示深奥的理论知识，总是会给人留下呆板的印象，从而失去亲和力。

那么，如何向他人展现自我，哪种方式最易于被他人接受？纵观世界范围内的文学家和艺术家们，他们最为精彩的作品都是取材于生活，力求最为广泛地被大众接受。因此，在我们言辞达意想要表达自己论点的时候，不妨从生活中挖掘言语素材，运用深入浅出的表达方式，尽可能地让各个行业、岗位、知识水平的人，都能感受到你言语的魅力。

李媛媛是某公司部门的负责人，每周都要给同事们开例会。公司每周的例会本来都是最令员工头疼的一件事情，可是李媛媛部门的会议，却很受员工的欢迎。李媛媛独特的思考方式，深入浅出的思维，总是让员工敬佩不已。这一天，李媛媛和人力资源部门的员工一起面试新员工。在面试中，李媛媛给面试的员工留了这样一道面试题。在一个风雨交加的夜晚，你开着车在电闪雷鸣中艰难地前行。这时，路过一个公交车站，有三个人在公交站牌下等车避雨。一位是医生，他曾经挽救过你的生命，这么多年怀着感恩之心的你，做梦都想报答他。一个是你的梦中情人，是你想和他（她）厮守终生的人。你们因为一个误会而分开，偏偏在今天重逢，如果错过很可能今后就没有机会再见。还有一位是病重的年迈老人，如果不能及时送往医院，就有可能失去生命。但是，由于车上只能容许一个人上车，那么你该如何抉择。面试的人们纷纷说出了自己的想法，有人说应该把位置给那位医生，因为人应该知恩图报；有人说应该把位置留给自己的梦中情人，因为在对的时间遇到对的人，这是一生的幸福，如果不能抓住爱人的手，就可能成为自己一生的遗憾。也有人说，应该把位置让给生命垂危的老人，用自己有限的机会挽救他人的生命也是十分有价值的事情。然而，在最终的面试结果中，却无一人入围。部门的其他员工都不理解这一面试题的目的何在，大家也都纷纷争论着关于让谁搭乘是最为合适的安排。最后，李嫒嫒把所有的面试者聚集在一起，揭晓了提出这个问题的初衷。其实，这个问题首先是想考察大家的应变能力，但是最为重要的是想看看大家人生中的价值观。我们不妨做这样的最优选择，把自己的车钥匙交给医生，让他送老人去医院，而自己陪爱人在公交车站上等车。有时候，放弃自己手中的优势条件，抛弃我们固有的、狭隘的、刻板的概念，我们就能拥有更多。

交际的目的是使沟通双方对彼此的言语清楚明了，所以女人在言谈中不必刻意讲深奥的道理，而要善于深入浅出的形象表达。

方法一：不要故弄玄虚

真理的到来从不会浓妆艳抹，而恰恰是以最为真实的姿态走到人们的生活中。女人在生活中简单大气，更能得到他人喜爱。女人要真诚坦白地和他人交流，不要故弄玄虚、遮遮掩掩，以免给他人留下心机太重的印象。尤其是一些复杂的道理，女人们要做的不是让事情变得更加难以理解，而是通过我们睿智的头脑和缜密的思维，将一切复杂的事情变得简单明了。

方法二：大事化小，小事化了

在生活当中，我们总是希望把大事化小，把小事化了。复杂的事情把它简单化，简单的事情把它透明化。人生就是一个不断向前的旅程，路上虽然有不同的风景，不同的诱惑吸引着我们，然而我们却要一直保持行囊的轻盈。在言语交际中也是如此，想要讲出动人的话语，就要善于将复杂的问题简单化，让对方简单清晰地了解你的想法。

方法三：深入浅出，化繁为简

懂得言语表达的女人，她们懂得化繁为简，将复杂的问题像剥茧抽丝一样，让晦涩难懂的道理一点一点展现在众人面前。将问题化难为简，将话题深入浅出，无论是运用于生活中，还是运用于工作中，都会让女人显得充满睿智。通过深入浅出的方式，可以巧妙地将复杂的道理转换成通俗的故事和案例，从而让听者更容易接受。

【名嘴寄语——爱默生赠言】

爱默生曾说："有怎样的思想，就有怎样的生活。"而语言恰恰就是思想的外化形式，是人们内心价值观和思想方式的表达。有一颗懂得化简为繁、深入浅出的心，也会懂得将复杂的生活同样安排得井井有条。那么，女人不妨从言语表达开始，让生活和交际都能深入浅出。

插科打诨论是非

“插科打诨”原来是指演员在演出中插入些滑稽的话语和令人发笑的动作。我们的生活中不乏有“插科打诨”的高手，他们往往是众人的焦点。他们在生活中，总是能通过自已独特的表现方式给他人带来喜悦和快乐。插科打诨中蕴藏着机智和智慧，是一种轻松愉悦的沟通方式。插科打诨并非只是简单的嬉笑，而是笑声中带着几分意味，讽刺中带着几分深刻。

人生中总会有很多的无奈，太多的不顺心、不满意，生活中的不尽如人意之处，就需要我们用轻松积极的态度去对待。插科打诨虽是追求形式上的娱乐，但是却也是一种令人敬佩的生活哲学。在嬉笑怒骂中淋漓尽致地展现真性情，可让人在欢声笑语中忘记自己生活的烦恼。很多女性在生活中也是插科打诨的高手，独特的模仿力和幽默感，让她们在人群中充满了无限的魅力。她们是社交中的“开心果”，是人见人爱的“智多星”。

在与朋友相处时，有些女人喜欢用插科打诨的方式来调节氛围。然而，在生活中，插科打诨也可以用来明辨是非。虽然，插科打诨从表面上来看，是流于娱乐的一种形式。然而，如果能在恰当的场合，将插科打诨的方法运用到是非黑白的分析上，也会达到事半功倍的效果。尤其对于一些身份地位较为特殊的人来说，直接说明事情的原委，可能会使对方十分尴尬。此时不妨用插科打诨的方法，让对方在哈哈一笑中读懂你想要表达的意图，化尴尬为默契。

有两位出售保险的女士，因为争抢客户而发生了冲突。她们都在炫耀自己公司理赔速度快，为此两个人大费口舌、争论不已。第一位女士说道，我们公司能给客户提供最为快捷的服务。如果不幸发生了事故，在事故当天就能把保险金送到投保人手中。另一位女士则满不服气地说道："这根本不算什么。如果我们公司楼上第50层的投保人，不慎从窗户坠下，那么当他经过我们30层的办公室，我们的工作人员就能将保险金从窗口交给他了。"顾客听了之后哈哈大笑起来，于是便和第二位女士签订了保险合同。一个看似漫不经心的插科打诨，却巧妙生动地表达了保险金快速的赔付。对于女性来说，插科打诨是一种较为难于驾驭的言语技巧。但是一个轻松的插科打诨，却会逆转人们之间紧绷的情绪，营造一个最适宜提出自己意见和建议的氛围。身在某媒体公司的王小姐，平时负责公司的公关和宣传工作。一天上午，来了一批客户，公司安排王小姐进行接待工作。在会谈中，双方都剑拔弩张，讨论陷入到了紧张的氛围中。王小姐决定利用午宴时间说点轻松愉快的话题，缓解上午在谈判中的紧张气氛。用餐中途，王小姐举起酒杯说道："今天，我们迎来远在海南的贵宾。您看我们双方的公司，一个远在海南，一个近在河南。这次合作即将成功，那就是顺理促成了'南南合作'。国际上'南南合作'，是经济发展共同体。咱们两家公司合作即将促成，那将来就是联盟发展的大势所趋啊。今天恰好是七月初七，看来我们这次是注定完成秦晋之好的联姻合作了。那么，在场的两家亲家，就先喝上一杯定亲酒吧。"一席话看起来是插科打诨，却一下子拉近了两个公司间的距离，生动地说出了两个公司令人期待的合作前景，寓意深刻而让人思考。

如何在交际时巧用诙谐的言语插科打诨，起到奇妙的效果，不妨借鉴如下一些方法。

方法一：巧妙借用比喻

比喻向来是作家在写作中十分惯用的修辞手法。通过本体与喻体之间的互动，传递出生动、自然、流畅的言语表达。插科打诨中自然也少不了比喻的加入。“嗔拳不打笑面”比喻不能欺凌态度和悦的人。“棒打鸳鸯”比喻拆散恩爱的夫妻或者情侣。“趁热打铁”比喻做事要抓紧时机。生活中有趣的比喻随处可见，只要巧加运用，就能营造出生动活泼的言语表达。巧妙的比喻方式，不仅为插科打诨增添了几分生动，也让女人自身显得可爱。

方法二：准确运用双关

双关就是借用语义或者语音上的联系，通过一个词语牵涉出两个事物，从而表达两种意思。通过双关能够营造出一种言在此而意在彼的言语效果。聪明的女人即使在与他人争吵的时候，也绝不会大爆粗口，而是会用插科打诨的方式，将贬义和轻蔑融合在双关语中，让对方不仅吃了哑巴亏，而且还会对自己暗生敬意。双关的表达方式委婉巧妙，不仅能帮助女人略过不方便直言的尴尬，同时也能给女人自身增添几分神秘感。

方法三：大胆使用夸张

夸张是为了达到某种特定的表达效果，对事物的特征、作用和功能等进行程度缩小或放大的表达。夸张也是插科打诨中不可缺少的组成部分，它能充满激情地表达出你内心的想法。女人在插科打诨的过程中，可以大胆地使用夸张的手法，让你的言语充满张力和感染力。夸张的言语之下，是人们对于生活至真至纯的情感体验。我们看到舞台上的演员，他们总是用夸张的方式来演绎人生的悲欢离合，看似漫不经心的夸张方式，却在传递着最为真实的人生体验。

【名嘴寄语——李铁赠言】

《南方周末》著名评论员李铁说道:“韩寒的插科打诨的俏皮话，正好挠到了这个时代的痒处。”韩寒独特的文艺视角、插科打诨的言语方式，吸引了众多的读者。在他看似不羁的插科打诨之下，实则吐露出的是这个时代的箴言，是面对无奈人生最强音的抵抗。女人在言语交往中，若能巧妙地云用插科打诨的表达方式，就能让对方在嬉笑中感受到你的魅力和睿智。

剪掉碎碎嘴，精简显本领

大文豪狄更斯的一句话，曾经说出了亿万男人的心声。面对婚姻中的生活，他曾经有这样的感悟：一个男人的婚姻生活是否幸福，和他太太的脾气性格息息相关。如果她脾气急躁而又唠叨，没完没了地挑剔，那么即使她拥有普天之下的其他美德也都等于零。女人唠叨的碎碎嘴，就好像是洁白的牙齿上不小心沾上的一片菜叶，让人心生厌恶。

女人天生容易受到情绪的左右，有时候一些言语受到情绪的支配，不时地溜出嘴边。然而，在生活中，睿智的女人要学会如何恰当地控制好自己的情绪，言语一定要把握好分寸。有些话讲出来，会让他人觉得自己更有智慧和魅力。然而，有些话一旦说出口，对于女人来说就是毁灭性的灾难。除了在言语内容表达上女人要注意言辞达意，在表达的方式上也要以精简为主要原则，千万不可碎碎嘴。

女人的碎碎嘴就像是一把杀人无形的刀，不仅杀掉了他人的耐性和自尊，同时也杀掉了自己的淑女形象和豁达个性。其实，碎碎嘴的根源就在于女人的内心。女人的心中若是多一份豁达，多一份大气与直率，就能摆脱掉碎碎嘴的不良习惯。尤其在生活中，碎碎嘴就是男女婚姻中最大的杀手。

相传有这样一个笑话：一对夫妻在阳关明媚的下午，来到河边垂钓。夏日里微风和煦，河边阵阵清凉，本来是一个美好的午后时光。然而，妻子却在不停地抱怨自己家中烦琐的家事，丈夫只能哭丧着一张脸，在一旁闷不吭声。忽然，鱼竿一阵猛烈地摇晃，原来是有鱼上钩了。丈夫一个漂亮的弧线，将鱼钓了上来。这时候，妻子在一旁感叹道：

“哎，这鱼真可怜。”丈夫耸耸肩，低声说道：“它闭嘴不就没事了。”虽然，只是一则笑话，但是却生动地刻画了婚姻中饱受女人唠叨之苦的丈夫形象。在婚姻中，碎嘴唠叨是女人的通病。一对经过了恋爱长跑、终于结婚的恋人，在经过了两年的婚姻生活之后，竟然闹起了离婚。究其根源，原来就是因为女人整天的抱怨和唠叨。洗衣服的时候，女人会拿起衣服说道：“你看你这衣服怎么穿成这样了？这也太脏了，你平时出门的时候就不能注意一点吗？”丈夫有时间帮忙下厨，女人也会说道：“你看你菜做的，不是太咸就是太淡，让人怎么吃啊？多亏不是天天吃你做的饭，要不然这日子可怎么过啊！”丈夫做家务的时候，女人会说：“你怎么连地也擦不干净。这么点小事也做不好，让我怎么信任你呢？”开始的时候，丈夫还是声声应答，反省自己在各个方面的不足。可是时间一久，丈夫听到的就只有满腹牢骚，而没有了鼓励和支持，自己心声怒气。有一天，丈夫的鞋子因为太脏，又受到了妻子的呵斥，丈夫终于忍无可忍地说道：“你怎么看我哪里都不顺眼，你看谁顺眼就找谁吧！”说完就是一声门响，丈夫摔门而出，留下的只有妻子在卧室抽泣的声音。或者妻子还会委屈地说：“我说这么多，还不是都为他好！如果他是路人甲乙丙，我又何必为他操心这么多。怎么我的苦心，他就是不懂呢！”其实，生活中的小细节又何必那么认真。现代人生活在巨大的工作压力下，女人若能用宽广的胸怀包容男人犯下的错误，就能够收获生活中的美好与和谐。许多男人在生活中垂头丧气，也常常是女人连年的打击造成的。如果女人想要成就自己生活中的另一半，就应该改掉碎碎嘴的恶性，以简洁明快的言语方式来传递自己的信息。

方法一：不做复读机

在生活中，女人言语表达要简洁、流畅，千万不要不断重复同样的话。不断地重复唠叨，只能让女人变成令人厌烦的复读机。与他人沟通的时候，如果一样的话，自己已经重复了两遍，那么就此打住。如果还没有收到对方的回应，那么这就是一个委婉的拒绝，请不要再重复自己的话题，这个时候的重复无疑只是自毁形象。不要一直重复自己的观点和看法，全然不考虑对方的感受。每个人的生活中，都承载着自己的压力和烦恼，不要让他人成为自己的精神垃圾桶。

方法二：就事论事

在吵架这件事情上，女人的记忆力总是要比男人更高一筹。男人一个不小心说错了话，就会成为女人吵架中动用的背景资料。在生活中，女人在言语表达的时候，要注意就事论事。不能因为自己一时情绪使然，就陷入负面情绪中不可自拔，于是一股脑地将陈年旧事都翻倒出来，从头到尾将自己的爱人伤害得体无完肤。不要为了赢得言语比拼的胜利，就偏离话题主题。不将过往的“陈芝麻烂谷子”都翻出来，作为自己理直气壮的资本。

方法三：气愤时要倒数三秒

人在气愤的时候，往往会丧失理智，陷入疯狂的状态中。不愉快的事情和经历，总是能激起女人内心的碎碎念，想要排解自己心中的痛苦，她们总是会不厌其烦地唠叨自己的不快和郁闷。在气愤的时候，不妨给自己定下一条规则，当怒气即将冲上头脑的时候，默默倒数三秒，打消自己的怨念。要尽量控制好自己的情绪，不要将自己的不良情绪传染给他人，造成他人的心情不快。在双方冷静下来之后，再重新讨论对方的想法和意见。

【名嘴寄语——卡耐基赠言】

卡耐基曾说："唠叨是爱情的坟墓。"碎碎嘴就是埋葬爱情的一把匕首，女人想要让生活中充满惬意的气息，就应该从自身做起，少些碎碎嘴。不幸的是很多女人都没有意识到，自己的碎碎嘴正在侵蚀着原本美丽的生活，让她苦心经营的生活都在碎碎嘴中被分割得支离破碎。

以才服人胜过绣花枕

生活中总是有一些女性，她们才华横溢、冰雪聪明，使很多男人对她们心悦诚服。她们是男人身边的红颜知己。或许她们不是陪着男人走过一生漫漫长路的人，却是男人们最为信任的人。她们是闺密身边的智囊，尽管她们的生活中也有着不顺心的地方，但是她们却能及时地挺身而出。她们身上总是带有一种气质，让人很容易把她们从人群中辨别而出。生活中女人之美千差万别，而她们也许不是美得惊人魂魄的那种，却是睿智中闪烁着别样的光芒。

有才气的女人，一举手一投足之间都洋溢着独特的魅力。这魅力就像是一壶茶，静静地品味才显得更加荡气回肠。我们生活中常提到安全感，很多时候缺乏安全感，就像是一种顽症占据着女人的内心。而有才气的女人，在她们的身上，你能感受到因为睿智而散发出的自信。正是这样一种强大的自信，支撑着她们身上源源不断的安全感。无论你身陷于什么境况，都会从她们身上获取到安定的力量，就好像是有人在旁边为你加油鼓劲，然后耳边还会或远或近地响起那么一句：别担心，有我呢。

有才气的女人，不会依附和徘徊。她们知道自己心里执着的目标，然后集中力量一举攻下，而绝对不要冗长寂寞的等待。她们学识广博，脑子里有无数古灵精怪的点子，不会让同处的人感到厌倦或是烦闷。即使是意见不一致，她们也不会与你刀锋相向，而是会选择一种委婉的方式转移当前的话题。有才气的女人，就像是天边的启明星，为他人引路，帮助路人辨别方向。她深知世间的潮流之变，却不随着潮流而动，凡事都拥有自己的看法和主张。她们总是能成为男人们想要征服的一群女人，可是往往会让男人破灭这种幻想。因为她们不想为人所控制，自由不羁、难以捉摸是她们生活方式中的一种。才女们言语中流露的芬芳，比外貌映衬下的美丽更显得绵长。

重新认识一个人，可能需要十分钟的时间。不要小看这短短的十分钟，可能十分钟的时间，对方就已经决定是否要与你继续交往。十分钟的时间里，有些人则之间可能只留下空洞的寒暄和百无聊赖的开场白。有些人则充分利用好这十分钟，向他人展示自己的魅力。

张婷是一家美容院的老板，自己白手起家建立了属于自己的创业天地。美容院的规模并不大，但是古朴的气息和别致的风格，招徕了很多钟情于这里的顾客。“其实，美容院也是一个大的社交场。每天都会迎接来自不同行业的女士，她们的身份地位、性格爱好都是迥然相异的。要想抓住她们的心，单单把这里当成美容院是远远不够的。更重要的是，你要在这里花心思，让顾客在这里得到心灵的体验，把这里变成一个既能享受生活，又能从中有所收获的地方。”张婷美容院里的技师，除了有手头上的独门绝技以外，在口头上也是十分了得。天南海北的信息，她们多少都有所了解，每天发生的新鲜事，社会上的一些新趣闻，她们都能对答如流。其实，对于才女的定义，很多时候人们都想当然地理解成是天赋为之，而忽视了其后天养成。张婷向我们娓娓道来了其中的秘密：“很多人对于美容师都有很多的误解。可能觉得这个行业中的女人吃的就是青春饭，大部分都是花瓶。其实，这是一个需要精湛手艺的行业。另外，除了手艺上的技术，我还要求我的员工都能学会口头上的技能，就是如何和顾客进行交流，要知道，良好的攀谈能提升顾客的信任感。我每周都会购置一些新的杂志、报纸等，美容师们休息的时候就会随手翻阅。另外，每天早会上我都会安排大家进行信息的分享。身处服务行业的我们，天南海北的信息我们都要知道一些。只有不断地丰富自己的知识，才能让自己成为真正的‘才女’——不仅有才艺，还要有才华。”纵观张婷的才女培养记，其实不难发现，从一名美容技师成长为一名才女，主要是依靠自己不断地努力寻找自己生活中的风向标。事业的独立和心灵上的坚毅，为张婷树立了强大的自信心。才女的修炼不关乎学历，也不关乎自己的外貌，而是在于自己不断提升修为和内涵，以此来增加自己的个人魅力。如果说容貌会随着时间的推移不断地衰老，是一种逐渐贬值的魅力。那么，才女的内涵气质就是随着时间的推移而不断丰盈，是一种不断升值的魅力。

那么，女人如何提升自己，使自己有才气、有魅力呢？

方法一：读书女人气自华

想要成为受人喜爱的“才女”，提高自己的修养和内涵是首要条件。即使你没有饱读诗书，也要学会“饱”后读诗书。在上班的前后，不妨把有营养的读物当作是每日必备的功课，进行一一的攻克。知识是一个不断累积的过程，首先要学会亲近书本，久而久之自然就能形成独特的气质。才女的炼成虽然与学历并无必然联系，但是一个女人如果心中无一点墨水，就无法在社交谈话中自然而然地灵活应对。虽然我们每个人的经历有限，不可能同时了解各个领域的知识。但是，我们也要敞开胸怀，扩大自己的阅读面，将一些领域的基本常识加以搜罗了解，也足以应对各个行业内的人群。

方法二：功夫在手，更在口头

很多女人饱读诗书，积累了很多的知识和才能。在把才能转化为专业技能的同时，却忽视了口头上的才能。才女在懂得适当的场合主动出击，用合适的方法包装和推销自己。很多人将在文学上有所建树的女子称为才女，其实在现代社会中，才女的定义正在不断地发生着变化。在专业领域有所特长，懂得生活品位，有独立精神和气质的女性，都可以是一种类型的才女。无论你的身上满足哪种气质，一定要学会自我推销与自我推荐。让大家不仅熟悉你的专业技能，更知晓你的言语表达才能。功夫在手上，更在口头。才女们不要吝啬表达自己的才华，要打开自己的智慧之窗，让他人都看到自己的光芒。

方法三：才女，才女，莫清高

有很多人戏称，新时代的大龄“剩女”当中，大部分都是被贴上了“才女”标签的女人。因为有着丰富的学识和对世间豁达的态度，很多才女自然拥有着超凡脱俗的气质。这种气质虽然让她们在人群中脱颖而出，但是却也可能让她们在同类中显得格格不入。很多才女本身都是完美主义者和浪漫主义者的化身，这就决定了她们对于生活有着更高的品质要求。一不小心，也可能陷入孤芳自赏的境地当中。尤其是一些事业有成的才女，更要在生活中放下自己的地位，和朋友畅谈人生的品位。

【名嘴寄语——三毛赠言】

“她说，喜欢一个长夜，一杯热茶，一本好书的生活。”三毛在《撒哈拉故事》中的一段话，被很多人口口相传。三言两语勾勒出一个才女的形象，和一种悠然惬意的生活。才女身上拥有的是宜人的气质，善解人意的性情和上知天文下知地理的博学。同样，她们也懂得在静默中享受生活，享受生活赋予她们的美妙。一个知你知心的才女，要比空有画皮的美女更能打动人的心扉，更能成为我们生活中的朋友。

第八章

口吐莲花，做个宜室宜家的女人

言语是一种艺术，赞美他人可以拉近两个人之间的心灵距离。同样，言语也是一种武器，一段充满慷慨激情的豪言壮语，就可以鼓舞意志消沉的人走上前线。与他人之间成就什么样的关系，言语就是重要的一个因素。女人是一股温热的泉水，滋润他人的心灵，温暖受苦的灵魂。

常言道：一句话能把人说笑，也能把人说跳。女人在生活中，要懂得善讲美言，懂得看到他人身上的优点。懂得发掘生活中的美好，也是一个净化内心的过程。女人要开口成美，在他人的自我言语中，都能找到真善美的影子和真谛。做一个宜室宜家的女人，让自己走上超凡脱俗到趋于完美的道路。

孔老夫子提醒我们要“乐道人之善”。学会赞美他人是提升自己精神境界的一种好方式，同时也是画龙点睛的说话之道。学会真心地赞美他人，就是吸收他人优点，让自己不断进步成长的一条绝佳途径。

一句幽默，唉声叹气全扫尽

幽默的言语表达，能让生活瞬间变得妙趣横生，往往能够帮助人调节气氛，在不经意间化解交际危机。在与对方的谈话陷入尴尬的境地时，女人不妨开个玩笑，用欢声笑语冲淡彼此内心中的不快。生活中不能缺少幽默，生活中也不能缺少有幽默感的女人。生活中需要幽默，就如同鱼儿需要水，就如同万物生长需要阳光。

语言是人们沟通交流的重要形式，而幽默就像语言中的魔法，能让语言充满让人愉快的力量。在生活中，女人喜欢与有幽默感的男人交往。而在男人眼中，有幽默的女人更有魅力惹人爱。在工作中更是如此，生性幽默的女性在与人交往中，更能散发出独特的魅力。工作中人们更喜欢与有幽默感的人在一起，因为他们能给紧张的生活带来愉悦的节奏。

在社会人际交往中，有些人出于不良目的，可能会通过言语进行挑衅。此时，对于女人来说，气急败坏地进行反击，恰恰中了攻击者的计谋，从而使自己的名誉扫地。在这时候，一句轻松幽默的言语，就能将尴尬情景一扫而光。一句幽默的玩笑，可以将生活中的不如意瞬间驱走，不再让唉声叹气的不良情绪成为扫兴的元凶。

城市的街角有一家著名的生煎包风味小吃店，味道鲜美、营养丰富，很多人慕名而来。一天一对情侣点上一份生煎包，埋头吃了起来。由于小店面积不大，而且生意十分兴隆，人们只能拼桌坐在一起。这时候，一个中年男子坐在情侣旁边。男人拿到包子后，一声不吭地坐下便吃。谁知随着“扑哧”一声，一条弧线划过，一股浓汤从生煎包中喷出，直接喷到了男孩的脸上。可是，旁边的中年男子瞟了一眼男孩，竟然连一声道歉也没有，继续闷头吃自己的包子。这时候，在一旁的服务员看着男孩与中年男子，以为要爆发一场冲突。于是，快步向前将纸巾递给男孩，想缓解当时的情势，防止冲突的发生。然而，男孩却自顾自地吃起来，一脸淡然的表情，就好像什么也发生一样。女孩拿起纸巾，顺势想给男孩清理一下。可是，男孩却叹了口气说道："算了还是别擦了，你看大叔还有四个没吃呢。要不咱们等他吃完吧，要不一会儿还要重新擦。"听了这话，中年男子忍俊不禁地笑了起来。放下筷子，郑重地向两位年轻人道了歉。原本是一件让人内心不快的窘事，却被男孩的一句玩笑轻松化解。幽默不仅是语言上的智慧，更是人们生活中的睿智表达。同样是在一家餐厅中，一对夫妻正在共进晚餐。为了庆祝结婚十周年的他们，选了他们恋爱时候常去的一家餐厅。两个人正在浓情蜜意地追忆着往昔的时光，可是却在米饭里发现了沙子。米饭里的沙子很多，两个人只能一一地把它们吐出来。一旁的服务员看见此情此景，感到十分不安，于是局促地走到两位的身边说道："实在抱歉，米饭里都是沙子吧？"妻子却无奈地摇摇头说道："不，偶尔也有米饭。"听了妻子的回答，丈夫大笑起来。就是这样一句幽默的回答，让唉声叹气一扫而光，并没有影响到他们的甜蜜晚宴。生活中不仅有幸福甜蜜，也有无奈和痛苦，但是要以一份幽默的心态去品读生活，才能给自己和家人带来无尽的愉悦。

方法一：巧用反常思维

幽默的言语常常出乎人们的意料，给人以惊喜。对事情进行巧妙的解释，巧妙地运用反常思维，都能让人收获意外的幽默感。每个人在提问的时候，其实内心已经有了一个相对期待性的回答。但是，如果能够打破常规的思维模式，给对方出乎意料的答案，有时候就会产生意想不到的幽默体验。或者是干脆把看似毫无关联的事物联系起来，用言语揭示出它们所包含的内在关系。

方法二：让言语放轻松

想要在言语表达中，显得幽默自然，除了在技巧上要精雕细琢之外，在心态上首先就要做到轻松愉悦。有怎样的心态，就会拥有怎样的人生。幽默的心态是一种积极向上的生活态度。幽默并非玩世不恭，而是在生活中植入自己的智慧，换个视野看待人生，换个角度琢磨生活，在轻松自在的心态下，将自己的潜能释放到最大的程度，收获充实而自在的人生。

方法三：比滑稽多一点

在言语表达上，我们一定要注意分清幽默与滑稽的界限。滑稽是一种流于表面的浮夸，但是幽默却会在笑声中给人以启示和思考。弗洛伊德说，幽默与滑稽之间的区别，就是成人和孩子的对立。滑稽只为博人一笑，既无思想深刻的思想，也没有发人深省的内涵。马戏团中的小丑，即使表演得再棒，也只能让观众产生感官上的快乐，但是却不能引发观众心灵上的共鸣。而想要让对方在笑中思考，在笑中醒悟，只有幽默才能做得到。

【名嘴寄语——埃斯卡皮赠言】

法国著名作家埃斯卡皮说："在我们这个极度紧张的社会，任何过于严肃的东西都将难以为继。唯有幽默才能使全世界松弛神经而不至于麻醉，给全世界以思想自由而又不至于疯狂，并且把命运交给人们自行把握，因而不至于被命运的重负压垮。"幽默在人们的生活中，具有着不可或缺的地位。过于严肃的态度，会让人们在生活中难以找到释放自己情绪的基点，而幽默则能够让人们自由表达自己的情绪和思考，因为它的表现方式易于被他人接受，在言语表达中更具张力。

说话顺情顺意，冰块也可融化

生活中的艰难苦痛，打造了女人身上的坚毅。她们为了实现自我价值，面对生活的挑战，从容应对，无所畏惧。在工作中争强好胜，会为自己赢得一片天地。然而，争强好胜置于生活中，往往会引发与他人的冲突。生活中的很多事情，都是寓方于圆中。方是我们生活中的坚持，是自己对于理想的执着。圆是生活中应有的圆滑，同样也是方得以生存的重要因素。一味地争强好胜，特别是在言语表达上，都会成为女人与他人交往的障碍。

说话顺情顺意，是女人心平气和的体现，表现了女人良好的心态和生活态度。待人心地真诚，办事恪守承诺，说话顺情顺意，是女人在社交场合中最为适宜的表现。女人在言语交际的时候，要充分讲究技巧。在言语表达的时候，要注意别人的感受，不能一味地任由自己的情绪释放，而不顾对方的颜面。敢于表达自己的态度、活出真我的人，并不是不被大家所喜爱。但是在生活中，想要在社交场合中与他人和谐共处，就要学会揣摩对方的想法，站在对方的角度思考并发表观点。

女人在言语表达上能够顺心顺意，在生活中也能够称心如意。言语上对他人顺心顺意，其实也是一种交际态度的表达。在言语交际中顺着他人的心意说话，是一种主动的示好，向他人表现出乐于交往的状态。顺着他人的心意说话，并不是一种虚伪的奉承，而是为自己的交际铺好前进的基石。

随着时代的发展，女人身上承担了越来越多的社会责任，工作岗位的要求、家庭生活中的要求，让更多的女人在生活中历练了一颗坚强果敢的心灵。然而，女人想要保持工作和生活的平衡，首要就是做到将生活与工作合理分开。刘晓璐是一家公司的销售经理，从小到大都是争强好胜，因此在学业中表现优异，工作中也是很快地得到了老板的赏识。晓璐是从小受着极其严格的家教长大的，以至于她在对待自己员工的时候，也是十分严格。工作中的同事们，尤其是下属，提起晓璐都是“谈璐色变”。一次，一个刚进组的员工，在季度销售中业绩不佳。拿到销售业绩表后，晓璐一脸严肃地把那名新员工叫到了自己的办公室。“刘经理，这个季度我已经尽力了，实在是有些客户的态度让我根本没法说服他们。”新员工低声为自己解释道。晓璐一听，强势的行事作风又显现了出来。她拿起销售业绩单，往桌子上一摔，吼道：“在工作面前，你没有任何理由可讲！每个人受到的职业培训时间都是一样的，为什么偏偏你的业绩最差。你就不能从自己身上找找原因吗？竟用一些连自己都说服不了的借口来为自己开脱！”晓璐一席话让员工顿时低下了头，眼泪从脸颊上滑落。这名员工性格内向，又是只身一人来到陌生的城市，听了晓璐的一席话，加上自己家庭压力很大，竟然生了一场病。而作为该员工的顶头上司，其他的同事都将矛头指向了晓璐。他们认为晓璐作为本地人，根本不知道外地人在陌生城市生存的压力，不分青红皂白就将员工批评得一无是处。风言风语终于流入了晓璐的耳中，晓璐对于这件事情给自己造成的负面影响，感到很震惊。于是，她自己反思了自身的言语表达方式，从而调整了自己的态度。待员工康复后，晓璐主动向员工坦言自己也有很大的工作压力，同时也给员工分享了自己最初踏入工作岗位后时的调整方式。晓璐顺情顺意的言语方式，最终打动了员工。经过更为深入的了解，两人不仅成了工作上的好同事，同时也成为了生活中的好朋友。

要想在生活和工作中做个让人尊重的好女人，就要善于在交际中多说顺情顺意的话。

方法一：低眉顺目甜美范

女人的温柔与体贴，就像是一股春风，能够唤起沉睡的花蕾，能够温暖寒冷的心灵。低垂眼眉、目光含羞，温柔的女性能够融化冬日里的冰块。很多女人在困难和压力面前，把自己打造得愈加坚强。其实，无论内心如何强悍的女人，都应该在言语交际中，为自己保留甜美温柔的女人形象。低眉顺目并不代表着对他人的顺从，而是一种对于对方的基本尊重。女人的内心可以坚若磐石，但是在外表则要修炼起低眉顺目的甜美范。

方法二：不挑衅，不放弃

在生活中，很多女人都有嘴上不服输的特点。面对他人言语上的质疑，她们从来都是选择以硬对硬、以强攻强。在言语表达上，如果是遇到他人对于自己人身的恶性攻击，自己不能选择回避，要保留自己奋力反击的机会。但是，在面对弱者的时候，自己也不能妄自挑衅。与其与他人在言语上争一时长短高低，不如放下自己心中的小九九，先做一位忠实的倾听者，让别人畅快地将自己的观点先进行表达。

方法三：做个节制主义者

女人在生活当中，经常对自己十分苛求。苛求自己的身材，从而节制自己的食欲。苛求自己的相貌，从而节制自己的妆容。苛求自己的理想，从而节制自己的行为。在言语社交当中，女人也要学会成为节制主义者，时刻提醒自己节制个人情绪。不要让言语变成一场两军对垒的战争。在言语表达的时候，顺着他人的思路来说话，也是一种善解人意的体现。用自己的言语，去感化他人的内心，做一个情绪上的节制主义者。

【名嘴寄语——西塞罗赠言】

哲学家西塞罗说："很难说人们的思想能从友好的举止和温柔的言谈中得到多少安抚。"女人真诚温柔的言语，能抚慰人们内心的顽疾和不可名状的伤感。在生活中，我们常祝福生活中的亲朋好友一帆风顺，即使我们知道生活中有太多的艰难苦痛。但是，在社交场合中，言语上的顺情顺意，多少也会给他人带来一些安慰。言语上的顺情顺意，就像是一阵暖风会给他人带来勇气和支持，同时也彰显了自己在社交环境中谦谦君子般的个人魅力。

善解人意最能打动家人

有人曾不无夸张地说过，有一个善解人意的妻子在身边，就等于是一步跨进了天堂。善解人意的女人心存善良，因为她们善于换位思考，在生活中十分富有同情心。善解人意顾名思义就是，能够关心和体贴他人，善于体察和了解他人的心境。善解人意的女人是具有大智慧的女人，她们懂得用宽容的心灵，去体察身边的事物，去体味人生中的过往。

千百年来社会对于女性善解人意的要求，已经不仅仅于局限于个人生活层面，而是提升到了道德层面。对于女人来说，善解人意无疑是一种美德，同样也是一种良好的道德素养。善解人意的女人懂得用积极的态度去面对生活中的艰辛和无奈。她们知道在艰难和困苦面前，如何恰如其分地给予朋友支持和鼓励。她们绝不会冷嘲热讽，又或者是絮絮叨叨地向对方抱怨。

善解人意的女人，拥有最美丽的心灵。她们懂得在社交环境中，与对方保持适当的距离，而不至于产生过于亲昵的尴尬或者是过于疏远的冷漠。她们不会漫无边际地吹嘘自己的梦想，也不会夸夸其谈地炫耀自己的生活。她们就像是一朵朵沉默的莲花，在黑暗中静静吐露自己的芬芳。善解人意的女人，能够为他人送去一阵清凉，驱走一份烦恼，带来一分内心的宁静和芬芳。

在生活中，很多女人在对待生活伴侣的时候，不能采取正确的心态和沟通方式，于是就造成了两个人生活中产生了越来越大的压力和隔膜。在工作之余，很多男人都想把自己工作上的困扰，向自己的妻子倾诉。可是，很多女人面对男人的真情流露时，却不知道该如何反馈。时间一长，男人就不愿把自己的心里话向对方吐露，而原本相爱的两个人也就在内心的轨道上越走越远。

小艾是个性格单纯的女人，生活中总是能看见她嘻嘻哈哈，好像从来没有烦恼和忧愁。她与小刘从恋爱到结婚，一切看起来都似乎水到渠成。小刘很爱妻子，他觉得结发夫妻在生活中，应该共同分享他们彼此之间的欢快与无奈、惊喜与感动。于是，婚后的小刘更加积极地与小艾分享自己心中的感受和思考。可是，每次小艾的回应方式总是让小刘觉得很失望。小刘最近被公司提拔为项目的小组负责人，回家的时间是一天比一天晚。于是，小艾小女人的特点就开始凸显出来，她不断地询问小刘是不是与其他的女孩约会。而每次在工作和应酬中，已经是忙得焦头烂额的小刘，只能暗自忍住内心的怒火。这次正好赶上了周末，小刘在家里做好了一桌大餐，打算给妻子一个惊喜。他也想化解因为近日工作繁忙，与妻子之间越闹越僵的矛盾。待妻子回到家中，小刘满脸笑容地对妻子说道："今天咱们好好聊聊。看我特意为你准备了一桌子丰盛的菜肴。"于是，小刘将自己最近的生活状态向小艾一一陈述。小艾听完后，却没有发表任何的看法，而是漫不经心地说了句："哦。看你今天心情真不错，咱们大吃一顿吧。哦，对了，上次我不是告诉你咱们家的冰箱坏了吗？让你周末的时候找人修理，你是忘了吗？你看今天做了这么多饭菜，晚上剩下来，冰箱又不能保存，到时候不是又浪费了吗！"小艾的反应再一次让小刘倍感失望。在以后接连几次，小刘再想找机会和小艾交流时，小艾不是忙着做家务，就是忙着看电视里的肥皂剧。小刘觉得和妻子之间的距离越来越大，自己也越来越不能理解妻子，渐渐地连回家都变成了一件痛苦的事情。无奈之下，只有提出分手。两人苦心经营的婚姻，最终就败在沟通不畅上。

其实，在生活中，善解人意的女人，能给事业拼搏中的丈夫以莫大的支持和鼓励。但是，不善于与丈夫沟通的女人，可能会与丈夫之间的心灵距离越拉越远，从而导致婚姻的失败。

如何做个善解人意的女人？不妨参考如下几个方法。

方法一：筑起精神楼阁

在日常生活中，我们无法否认物质带来的优越条件。但是，除了物质上对于生活品质的要求之外，还有一点我们不能忽略的，那就是精神世界。无论是爱情，还是生活和工作，我们都要为自己筑起一座精神世界的精神楼阁。善解人意的女人，懂得在忙碌的生活之余，打开自己的心扉，与三五好友一起探讨人生的哲理和最近的收获。善解人意的女人，即使是在生命剧变中，也不会任自己消磨在肥皂剧中。她们会为自己的内心，塑造起一座丰盈而充沛的精神楼阁，放置自己的情感，与他人交流沟通。

方法二：放开比拥有更幸福

善解人意的女人，懂得调和生活中应有的空间感。即使是再亲密的伴侣，生活中也应该为双方留有一定的空间。空间的存在，能让双方感受到新鲜与冒险的心境。善解人意的女人，不会全盘占据爱侣的生活，她们懂得“适可而止”地关心对方。她们不会逼问对方的动机，妄自揣测对方的想法，而是在与对方亲切的沟通中，了解对方的所思所想，以心灵的距离，丈量彼此之间的生活空间。放开是为了彼此心灵不受羁绊，也是为了更好地了解对方。在生活中，有时候放开比拥有更幸福。

方法三：不迎合，不纵容

在生活中，善解人意绝对不意味着一味地迎合和放纵对方。说要善解人意，就绝对不能够提出自己的反对意见，恰恰是很多时候人们对善解人意的错误定义。善解人意是指在遇到事情后，能够用自己的内心去体会对方的需求，用自己的感觉去体会对方的心灵。善解人意既不能对他人的话言听计从，也不能将对方当作自己的私有财产而加以控制。善解人意的言语表达，要做到不迎合，不纵容。

【名嘴寄语——葛优赠言】

著名演员葛优曾经说过："做人要设身处地，善解人意。"善解人意的女人，在社交中能够受到他人的尊重。善解人意的女人，懂得去找寻他人身上的优点，忘记他人身上的缺点和不足。她们知道在生活中要有谦和的态度，就是平静地接受，宽容地谅解，谦虚地讨教。对窘迫不安的人说一句安慰的话语，对丧失斗志的人说一句鼓励的话语，对失去挚爱的人说一句坚强的话语，生活中本来就有太多的美好等待我们去发掘、去实现。

好口才，让我们屹立在婆家与娘家之间

生活的艺术，就好像是弹奏一曲悠扬的小夜曲。而每一个音符都构成了乐章，同样也影响着整个乐曲的效果。对于男人来说，其中最为活跃的两个音符，就是婆媳之间的关系。人们常说，两个人的婚姻，不仅是爱情的结合体，更是两个家庭的结合体。女儿从自己的家庭离开，开始与自己的丈夫建立起了新生活。而女人则不再是单纯的女儿身份，更是添加了妻子以及儿媳的身份。父母对孩子的爱，是无私而伟大的。然而，在婚姻之中，如何实现角色转换，是每个女人都要面对的棘手问题。

对于已经结婚的夫妇来说，爱情在他们的身上，更多地体现为在生活中共同创造新生活。而对于女人来说，在婆家与娘家之间如何处理好关系，就成为婚姻难以应对的敏感话题。一边是对于自己有养育之恩的父母，于情于理都应该报答父母的养育之恩。然而，另一边是自己丈夫的家人，作为儿媳也有照顾公婆的义务。此外，两个家庭之间因为双方孩子，也经常会陷入唇枪舌剑中。

两人在恋爱时，卿卿我我的关系都极为私密。此时，两个人有自己的社交范围，有自己的生活圈子，而彼此的父母也鲜少见面。两个人的关系一般很少牵涉到父母，然而，当两个人真正地组成家庭以后，彼此之间的家庭纷争，就会越演越烈。而此时女人良好的口才就派上了用场。女人对于两个家庭关系的良好处理，能展现其良好的生活智慧。以宽容的心态看待生活中的小事，再加上女人伶俐的口齿，多一点忍让和包容，就会让生活变得更加美好。

很多女人觉得结婚之后，生活中的琐事越来越多，而自己也不再像

以前那么自由。这就是成长中所面临的烦恼。而反过来说，在这变化中，也能让自己体会到婚前并不能体会到的快乐。如何平衡好婆家和娘家之间的关系，实在是一门重要的生活艺术。

刘欣和王浩是一对新婚夫妇，两个人总像是一对没有长大的孩子，亲朋好友们也都说两个没心没肺的孩子，终于走到了一起。然而，真实的生活总是比幻想现实得多，小两口为了两家老人的事情经常闹矛盾。“十一”黄金周前后，正好赶上刘欣的婆婆过生日。刘欣本来计划回娘家，可是婆婆却想过节带儿媳和儿子回老家探望一次。刘欣便开始向王浩抱怨，本来过节打算回家放松几天，没想到又得强颜欢笑侍奉婆婆家里的亲戚朋友。不仅刘欣感到很不满意，就连她的娘家也是很不痛快。本来是和女儿的团圆之日，没想到又看不见女儿。娘家还时常半认真半玩笑地说，女儿结婚了真是忘恩负义呢。结婚之前，婆家和娘家之间往来甚少，即使有接触也就是偶尔串串门，彼此之间犹如客来客往，说话办事也都是客客气气，并没有什么矛盾纠纷。可是，当两家的孩子真正结婚以后，婆家、娘家双方都成了自己的家长，很多问题也就不可避免地产生了。逢年过节的时候，本来是全家欢聚团圆的好日子，然而因为去哪里过节，给双方家长送什么礼物，都成了可能引发矛盾的导火索。

同样是国庆节期间，刘珊珊原本也是打算自己在家中好好休息。可是中午时候接到娘家的电话，让珊珊和老公晚上回家吃饭。于是，珊珊便和在厨房的婆婆说道：“妈，我家那边晚上让我回去吃饭。晚上您和爸就不用给我们准备晚饭了。”婆婆看着珊珊，为难地说道：“我今天和你爸约了老棋友到家里。有几个是外地过来的，我和你爸得到车站去接他们。”“妈，要不这样吧。本来我和老公下午要出去逛街，我们晚上就不出去逛街，下午我和他到我妈那边去一趟。晚上早点回来给您做饭。”珊珊的婆婆也欣然同意了，而下午在娘家中说明情况后，娘家也很谅解。

在处理娘家和婆家的问题上，珊珊看似做出了让步，然而却为自己赢得了更多。

如何在言语交往中说对话，善于左右逢迎，是一门很深的艺术和学问。女人不妨学学如下一些方法。

方法一：娘家、婆家都是咱家

其实生活中很多的事情，正确与错误并不是衡量事件的唯一标准。很多时候解决事情的态度，远比事情的是非对错更为重要。女人在处理娘家和婆家关系时，态度远比结果更为重要。娘家婆家，一边是养育自己的亲人，一边是老公的家人。一旦双方组成了家庭，无论是婆家还是娘家，都应该把它们当成咱家。用真心对待婆家，用孝顺的情意报答娘家，很多问题都会找到属于自己的答案。

方法二：做好沟通的桥梁

女人是婆家和娘家之间沟通的桥梁。结婚以后，两家人就结成了一家人。如果不能时常走动，就需要女人在其中充当沟通的桥梁。从婚礼的筹备，到孩子的抚养，到节日的安排等生活的细节，都需要女人在其中充当桥梁。其实，父母爱子女的心情都是一样的，可是在方式上双方的家人就可能出现分歧。在面对意见分歧的时候，女人要从两边沟通，以促成最终达成一致的意见。

方法三：多言他人的好

母亲对于女儿的爱是无私的，甚至是超越了自己的生命。女儿的成长，承载着母亲的理想，就像是母亲放飞了自己的第二次生命。出嫁的女儿，回到娘家以后，自然有很多悄悄话要和妈妈说。比起婆婆，母亲是更了解自己，同时也担心自己在婆家受到不公平的待遇。在婆家的生活，可能有时候不免有一些不愉快的事情发生。其实，生活中难免有不顺心，没有必要将小事放大。只要不是什么原则性话题，就没有必要在娘家抱怨。不良情绪的释放，不仅会增添家人的担心，同时也会积累娘家与婆家之家的矛盾。

【名嘴寄语——泷泽秀明赠言】

日本歌手泷泽秀明说："当你踏上舞台之后，是主角，还是配角，这些都不相干了。总之，一心一意地尽全力去演出，一直坚持努力到轰轰烈烈落幕为止，结束时的感动和喜悦无与伦比。"女人在娘家是毋庸置疑的主角，在备受关爱的环境中成长。而在婆家的眼中，可能是作为儿子的妻子，作为老人的儿媳而存在，或许扮演的是配角的形象。然而，生命中有时候需要我们纵情演绎每一个角色，而不去计较其中的得失，生命的过程恰恰就是坚守自己、全情投入之下的感动。

从嘴巴上帮爱人“改头换面”

无论多大年纪的男人，身上都会有孩子气遗留。有人甚至说，男人只会慢慢变老，却永远不会长大。女人在生活中，不仅要雕琢自己的生活，同样也要与丈夫在生活中不断磨合。女人是男人的灯塔，在生活的细节和方向上，为男人指引前进的方向。男主外女主内的分工时代虽然已经过去，但是在生活中男女之间还是要进行良好的分工合作。在生活细节上，男人更需要女人的照顾。

刚结婚不久，男人的臭袜子、脏衣服以及没有秩序的用品摆放，都成为了女人生活中的烦恼。本来温馨浪漫的婚姻生活，一下子跌入到了柴米油盐的琐碎当中。女人是家庭生活的组织者，在生活中应该充分利用自己的聪明智慧，对男人进行生活上的训练。从言语上说服自己的伴侣，改掉生活中的一些“恶习”，建立良好的生活习惯。

男人骨子里长不大的气质，决定了有些男人不愿意承担家庭中的责任。同时，他们也不愿意改变自己身上与生俱来的惰性。男人喜欢永远无忧无虑地享受生活，喜欢自由自在、简简单单的生活方式。有时候两人结婚后，彼此的生活习惯也早已经养成，带有一定的稳固性特征。这个时候， 就需要夫妻之间相互监督，帮助对方建立良好的生活习惯。而男人身上带有的稳固性缺点，也更需要女性的支持和帮助，而不能是一味地抱怨与批评。

想要帮助男人改掉生活中的缺点和生活细节中的坏习惯，并不是一朝一夕就能够完成的。女人要通过运用言语技巧，通过灵活的处事方式，帮助男人改掉身上的不良行径。言语是两人生活中最为直接的表达方式，言语上的沟通，能够让男人更了解女人的心理需求，从而打消男人对于居家生活漫不经心的态度，从根本上改变他们身上“脏乱差”的行为，提高两人整体的生活质量。

王佳和刘峰两个人经过三年的恋爱之后，终于结成了夫妻。刘峰是个性格爽朗的东北男人，走到哪里都有一群朋友，婚前的生活里总是喜欢和朋友一起玩乐。王佳是个典型的南方女孩，性格温柔，但是从南方嫁到北方，生活中总是有很多的不适应之处，另外一个人的孤独感也不时地涌上心头。北方夏季的夜晚炎热而又漫长，却也成就了一年中北方人难得有的夜生活。刘峰喜欢在下班后约上几个好友，喝上几瓶啤酒，一起打发难得的休闲时光。不仅是周末，有时候工作日也寻不见刘峰的身影，下班后甚至一两点才回到家中。清早起来，王佳才能看见自己的丈夫，衣服没脱、澡也没洗，倒头就睡。王佳并没有急着和刘峰争吵，而是屡次提醒他，回来以后要叫醒自己，也好给他准备夜宵并且帮他换上衣服。以后几次的夜归，王佳果然就在枕边等待刘峰的归来。临睡前，还在客厅准备好了解酒的凉茶，以及换洗的干净衣物。时间一长，刘峰觉得妻子忙碌了一天，自己的贪玩又给她平添了不少的麻烦，也减少了外出的次数，而且每次回来的时间也没有以前那么晚了。除了生活作息上的麻烦，刘峰在家务上更是一窍不通。妻子在身旁收拾，刘峰就坐在一旁，可是几个回合下来，家里又成了一片狼藉。“老公，你比我大5岁。生活中的事情，你就应该让着我。”王佳一脸小女人的撒娇。“当然了，你说我怎么让着你呢？”刘峰嘿嘿傻笑地回答。“让着我就是，我收拾房间的时候，你要让开，不许添乱。另外，我还给你制订了一个劳动计划，你也要加入到家务劳作当中，你要是完成得不好，除了有降职减薪的可能，还有被解雇的危险。”王佳一番言语过后，刘峰感觉有些不好意思，从此以后下决心要彻底地改头换面。

如何帮男人“改头换面”，这是女人们十分感兴趣的问题。可以参考如下一些方法。

方法一：学会袖手旁观

当女人营造整洁环境成为惯例，男人就认为这本来是生活的常态，而忘记了对女人的付出感恩。而一旦生活环境有所变化，男人就会觉得是女人工作失职了。因此，女人在生活中，要学会适当地袖手旁观。对于男人懒惰的坏毛病，女人可以先在言语上进行告诫，如果男人不珍惜自己的劳动成果，就要让他自己打理家居生活的细节。通过让男人加入劳动中，让他为自己的行为负责，这样他才会懂得珍惜别人的成果，从根本上改善其行为。

方法二：以其人之道还治其人之身

既然男人和好友拼酒看球是改不了的毛病。那么，何不叫上自己的几个闺密，在下班后放松心情，大快朵颐地购物吃饭。女人不能把生活的阵营，全部放在家中。适时地与朋友团聚，让丈夫也尝尝在家中等人的滋味。适当地与朋友团聚，不仅能够疏解生活的压力，也能够开阔自己的心胸，不让自己陷入琐碎的生活烦恼中。

方法三：让生活增添趣味

女人作为家庭生活的组织者，要学会为自己的生活添加丰富的色彩。多多丰富自己的视野，提高自己的品位，这样才能拥有风趣幽默的口才。只有自己的家庭生活充满色彩，男人才会在家庭生活中获得更多的享受。丰富自己的生活，给两个人的生活增添趣味。女人要用言语方式直接与丈夫沟通，而不要将哀怨埋进心中，让自己成为新一代“祥林嫂”的代表。

【名嘴寄语——拿破仑赠言】

拿破仑说："我只有一个忠告给你——做自己的主人。"面对自己丈夫身上的缺点，很多女人选择了忍让。为了避免生活中不必要的摩擦，她们甚至不敢提出对方的缺点。在忍让中不断失去自己生活信仰的女人，似乎不是生活中的少数分子。如果这样，女人最终并没有改变自己在生活的被动，而是成为生活的俘虏。对于这样的女人来说，要将拿破仑的这句话送给她们，只有一个忠告，就是做自己的主人。

让嘴里每天都有巧克力

女人喜欢听甜言蜜语，但是却不大喜欢说。其实，在生活中女人不仅要对爱人表达爱意，更要对孩子表达自己的甜言蜜语。其实，每一个孩子在成长的道路中，都更希望听到妈妈说一些甜言蜜语。孩子的心灵，需要言语的力量来滋润成长。甜蜜的话语对于孩子来说具有极大的影响力。孩子遇到挫折的时候，对他说甜蜜的话语，能让孩子学会微笑着面对困难。在孩子取得进步的时候，向孩子说甜蜜的话语，能让孩子自信地迈向新的目标。

作为孩子的母亲，女人尤其要学会用甜蜜的话语来滋润和温暖孩子的内心。对孩子说甜言蜜语，是女人母性的释放，同时也能给孩子的心灵带来无穷的慰藉。女人对孩子甜蜜的言语，是一种心灵的互动。说者会拥有愉悦的心情，包容的心态和乐观的生活态度；而孩子从中也会受到感染和鼓励，愉悦的话语也能让孩子在耳濡目染中学会积极乐观地面对生活中的烦恼和忧愁，树立起正确的价值观念。

与甜言蜜语相对立的是粗暴低下的语言，这种言语不仅会让孩子受到不良影响，也是摧毁自身形象的利器。对于孩子的教育其实是一个潜移默化的过程，孩子们的心灵若是时常得到甜言蜜语的浇灌，就能够无谓地面对生活中的风浪。甜蜜的言语是母亲爱意的传递，只有在爱意满满的氛围中成长，孩子才能拥有更为健康的心灵。

小娜结婚五年了，孩子今年3岁。作为幼儿教师的小娜，在孩子的教育上，自然有自己的一套方法。3岁的孩子在生活中，已经有了自己的一些意识和看法。这个时候，对于孩子的任何启蒙教育都显得十分重要。每天孩子午睡不仅是母亲得以休息的重要时刻，同时也是孩子成长必要的休息时间。小娜带孩子吃过午饭，总是会做一些简单的游戏。然后，就会给孩子边唱儿歌边讲故事，自己会用甜甜的声音模仿各种小动物或者小孩子的声音。不一会儿，孩子便在小娜的轻声细语中甜甜地睡去。小娜看着孩子睡觉时嘟起的小脸和时不时偷偷睁开的眼睛，总是会感到十分的幸福。现在，孩子是家中最为活跃的分子，丈夫回来后，孩子更是会高兴地在屋子中跑来跑去，像极了一个小天使。小娜和孩子在一起，就好像回到了自己的童年时期，也像是一个天真可爱的小女孩。“宝宝，好棒！妈妈爱你。”这样简单的爱意的表达，是小娜和孩子之间，每天都会进行的话题。当孩子取得哪怕是一点点的进步时，也要及时地给予表扬。有些女人觉得孩子太小，可能有些言语无法理解，其实每个阶段孩子的感知能力都是超乎父母想象的。女人要注意每天都向孩子灌输“我爱你”这样的爱意表达。在童年感知到充足爱意的孩子，在长大后更能够拥有宽广的胸怀。即使是在孩子犯了错误的时候，小娜也会用充满爱意的方式进行批评。同时告诉孩子，自己批评他也是因为妈妈爱他。听说其他小朋友在幼儿园中受到老师批评而不开心的时候，孩子甚至会用不太清晰的言语表达告诉对方：“老师批评小朋友，也是因为老师爱小朋友。”小娜充满甜言蜜语的教育方式，不仅让孩子懂得感恩爱。同时，也让老公看见了小娜充满童心的一面，甚至觉得她的魅力比没有孩子之前更加吸引自己。

女人要善于对孩子表达浓情蜜意，让孩子的心灵得到精神的灌溉和爱意的滋润。

方法一：爱的表达

每个女人都爱自己的骨肉，在孩子的身上凝聚了每一个母亲最为赤诚的关怀。然而，作为母亲的你，有没有敢于直接说出你心中的爱。在西方国家，孩子与家长之间，爱意的表达是双方沟通的重要方式之一。在中国，似乎家长更愿意树立自己的权威形象，而忽略了与孩子之间内心的交流。作为母亲，一个眼神、一个拥抱、一句甜言蜜语都是与孩子之间爱意沟通的最好方式。

方法二：鼓励与支持

在生活中，很多的女人都在扮演着严厉的母亲形象，以至于让很多的儿女，都处于“谈母色变”的心境之中。其实，每个女人对于自己儿女的爱，无一不是十二分的专注。而女人对于儿女的苛求，也是希望他们能够在短暂的人生旅程中充实精彩地度过。面对孩子的错误，母亲可以选择更加温和的处理方式，让孩子在懂得了人情世故的同时，也能感受到温存的母爱和关怀。

方法三：放低姿态，平等交流

在教育孩子的时候，不要将自己凌驾于孩子之上，而要将自己的姿态放低，从而使孩子获得平等交流的空间。孩子正处于生长发育期，他们对于世界价值观的形成尚未成形。孩子对于世界的探索和好奇，是他们鲜明的特点和标志，因此家长不要摆出一副深笃世事的样子，对孩子的各项活动都指手画脚。孩子们需要家长的指点，但是不需要家长的指指点点。

【名嘴寄语——圣埃克苏佩里赠言】

“人们拼命地将自己挤进快速的火车，却不知道他们在寻找什么。于是他们变得忧虑、烦躁、在原地打转。”法国作家、《小王子》的作者圣埃克苏佩里以孩子的眼界来看待世界，看透了成人世界的枯萎和乏味。在生活中，女人不必将生活中的阴暗面过早地渗透给孩子。自己也不必做出一副凌驾于孩子之上的高度，不如俯下身，也向孩子撒撒娇，享受甜蜜如糖果般的幸福生活。

从舌头开始，攻克婆媳关系

婆媳关系作为一个亘古不变的话题，是每个女人的婚姻中都会经历的一个过程。随手打开互联网，输入婆媳关系的主题，便会有海量的信息很快反馈到你浏览的页面中。婆媳关系是不是世界上最难处理的关系？这个问题还没有人进行量化的统计和得出严谨的结论。无论是美女还是才女，可能生活中都绕不过婆媳关系这一大关。有人觉得婆媳关系不过是两个人之间的小事，不过是一个男人与两辈女人的话题。其实，婆媳关系不仅是关涉一个家庭的和谐，甚至是两个新家庭相互融合程度的一个体现。如果只把婆媳关系列入到两个人之间的问题，那就不免会显得狭隘、片面。

不管女人在外面获得了怎样的荣耀和地位，回归家庭都只是日常生活中重要的一部分。女人要融入日常的生活当中，可能不需要太多的诗情画意，需要运用的只是平实的家常话语所带来的平和与亲切。无论是处于社会何等阶层的婆婆，在家庭生活中用家常话来沟通都是万无一失的。在回归家庭生活过程中，女人要懂得首先摘去自己身上的光环，学会低姿态地与婆婆交往。毕竟，踏入社会生活的现代女性，都具有自己一定的社交圈子和人脉网络。而很多的婆婆，她们的职业生涯已经结束或者是即将结束，对于她们来说，家庭生活也许就是自己生活的全部。

脱去一切外在的光环，恢复到最为初始的角色，也许你就只是男人的妻子。回归到家庭中，其实对错输赢早已经无关紧要，重要的是，女人要在生活中收获属于自己的那份专属与幸福。生活中越是至亲的人，我们对他们的要求也就越为苛刻。人性使然，我们如此，我们生活中的伴侣也是如此，婆媳之间的关系也是如此。其实，我们完全没有必要把婆媳两个人放在完全对立的立场之上。媳妇与婆婆之间关系的链接，不仅仅是由一个男人完成，跨越这些就能发现，两个女人身上一种同质的相似感。循着婆婆的轨迹，与一个男人共营爱巢相伴一生，某种程度上，你看见了自己未来的些许模样。也许，你不屑与她的衰老相提并论，然而青春的岁月，她也曾经有过。想要让生活中少一分硝烟，多一分和谐，不妨从舌头开始，攻克婆媳关系。

想要解决婆媳之间长久的矛盾，根源在于两个人之间的态度和对待彼此的视角。婆媳之间如果能抛开儿子或者丈夫，就能够重新建立彼此之间的关系。

刘月月和李峰结婚三年了，小夫妻两个人恩爱有加。更令人羡慕的是，月月和婆婆之间的关系相处得十分愉快。“妈，这周我打算去剪头发，你也跟我一起去做个造型呗！”月月亲昵地拉着婆婆的手，邀婆婆一起去美发店。“哎，不去了。这么大岁数了，打扮给谁看呀？”婆婆推辞地笑着说。“您岁数大，您长相年轻啊。您忘了上次咱们一起去，还有人以为您是我小姨呢！再说了，咱们不都是美给老公看嘛。您给爸一个惊喜，我给您儿子一个惊喜，不是挺好的吗。正好，下周我发工资，我请您去。”月月嘻嘻哈哈地说着，想要劝说婆婆一起去。“再说吧。估计周末可能家里有事，到时候再说吧。”月月看出来婆婆虽然是表面上推辞，可是心底里还是想一起去，毕竟爱美之心人皆有，即使是上了年纪的人也是如此。转眼间周末就到了，家里的两个男人都去加班了。一桌子丰盛的菜肴，就只剩下婆媳两个人享用。“婆婆，您的手艺真是好。这个红烧肉的味道特别正宗，李峰总是让我学。可是做了几次，都做不出您这个味。李峰老是嫌我笨，学不会您手艺，有空我得向您讨教一下。”月月撒娇似的坐在婆婆身边。“哎，你们年轻人工作忙，所以家里的家务现在还是比较生疏。做菜煲汤，其实就是一种熟练工种。你长年累月地做，等到掌握了要领就自然做得好吃了。”婆婆笑着回答说。“对了，妈。咱们不是约好一起去美发店嘛，待会儿我收拾好碗筷，然后咱们就出发。您看爸和李峰都没回来，这回可没什么事了吧。”月月牵起婆婆的手，准备和她一起收拾出门。“您穿这件吧，我觉得这个特别适合您的肤色。到时候咱们做好了发型，您再配上这个衣服。您就既不是我婆婆，也不是我小姨了，直接就成了我姐姐了，哈哈！”月月嬉皮笑脸地逗得婆婆哈哈大笑。月月和婆婆之间经营的就是一种新型的婆媳关系，两个人不是以儿子或者丈夫作为纽带，而是以女性的身份进行交往，希望在生活中能够成为对方的好朋友。月月的言语方式，让人感受到的是轻松和愉悦。就是在这几句玩笑声中，无形中提升了婆媳两人之间的关系。

婚姻中，女人如何处理好婆媳关系是门大学问。具体不妨参考如下方法。

方法一：婆婆也是姐妹淘

有没有想过，也许某一天你的闺密队伍中就多了婆婆。放下年轻气盛的口无遮拦，把婆婆当作丈夫的至亲来对待。约上婆婆一起去美容院，找回岁月里的青春岁月。约上婆婆一起去农贸市场，学学婆婆多年驰骋在市场中。约上婆婆一起探讨厨艺秘方，用她多年积累的美味秘方来讨好下自己的味觉。就算是个性再刁钻的女人，也会在美食、美衣面前显露女性的本性。婆婆也有年轻的岁月，正是因为对家人的呵护，特别是对你心爱丈夫的抚养，才让岁月爬上了她的两颊。那么，女人在婆媳关系上不妨“嘴下留情”，让你的朋友圈中也多上婆婆一位。

方法二：婚姻是独立生活的警示牌

从独生子女成长起来的一代人，有很多已经成家立业。然而，随着“啃老族”等新社会现象的出现，似乎很多的子女在组建家庭后，仍然没有完全独立。婚姻的确立，应该是一个让年轻人成长的一个转折点。

从结婚之日起，年轻人的身上就应该背负上全新的责任。在生活中，做到对于父母的赡养；在社会中，要尽到一个成人应有的义务。无论是否与父母同住，在经历了结婚神圣的礼仪之后，我们应该懂得这是一个由依赖到独立的过程。在生活中我们虽然爱着父母，但是也要学会独立处理彼此生活之间的问题。有时候，婆婆出于关心，过多地介入到你的生活中，可能就是婆媳之间矛盾的开端。

方法三：婆媳关系没有完美界

很多新人在刚刚步入婚姻殿堂的时候，对于未来的生活有很多美好的幻想。当然，所有美好的愿景都是基于对于生活的良好期许。但是，生活不是电影，我们无法按照自己的要求，幻化出完美的情节。在刚刚融入一个新的家庭中，我们希望婆婆对待自己能够像亲生母亲一样。更多的时候，我们会发现很多时候生活并不存在理想状态，婆媳关系也并不都是完美理想的一面，在学会接受自己不完美的同时，我们也要学会接受他人身上的不完美之处。有时候，过高的期望值也是导致婆媳关系恶化的一个重要因素。太多的期望，太少的行动；太多的猜忌，太少的主动；太多的计较，太少的付出，就构成了婆媳之间关系的失衡。

【名嘴寄语——孔子赠言】

“己不所欲，勿施于人。”自己不想承受的就不要强加给别人，这是孔子在生活、工作、事业上给我们留下的一句至理名言。人生的道理不过是换位思考，让自己的心来体谅别人的感受。我们在生活中，应该不断历练自己的内心，学会不再时刻把自己当作世界的中心。在这个世界中，有很多人更值得我们用心去对待。有很多时候，放下你手中那段丈量一切的尺子，反而能够得到更大的世界和更多的关怀。

参考文献

[1] 梅子.聪明女人的说话技巧与处世智慧[M].北京：中国三峡出版社，2009.

[2] 李营.瞬间打动人心的说话技巧[M].北京：海潮出版社，2012.

[3] 郑月玲.让你大受欢迎的说话技巧[M].北京：人民邮电出版社，2011.

[4] 成杰.话语攻心术：把话说到对方的心坎里[M].北京：中国华侨出版社，2012.

[5] 王晶晶.女人受益一生的魅力口才书[M].哈尔滨：黑龙江科学技术出版社，2012.